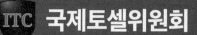
국제토셀위원회

# TOSEL
# 유형분석집

## HIGH JUNIOR

Section I.
Listening & Speaking

TOSEL

TOSEL

TOSEL

TOSEL

**TOSEL**
**Cocoon**

유치원생

**TOSEL**
**Pre Starter**

초등 1,2학년

**TOSEL**
**Starter**

초등 3,4학년

**TOSEL**
**Basic**

초등 5,6학년

| 4 | 5 | 6 |
|---|---|---|
| 영어의 실전단계 | 영어의 고급화 단계 | 영어의 완성단계 |

**TOSEL**

**TOSEL**

**TOSEL**

**TOSEL**
**Junior**

중학생

**TOSEL**
**High Junior**

고등학생

**TOSEL**
**Advanced**

대학생, 직장인

# About TOSEL®  ——  토셀에 관하여

**TOSEL**은 각급 학교 교과과정과 연령별 인지단계를 고려하여 단계별 난이도와 문항으로
영어 숙달 정도를 측정하는 영어 사용자 중심의 맞춤식 영어능력인증 시험제도입니다.
평가유형에 따른 개인별 장점과 단점을 파악하고, 개인별 영어학습 방향을 제시하는 성적분석자료를 제공하여
영어능력 종합검진 서비스를 제공함으로써 영어 사용자인 소비자와
영어능력 평가를 토대로 영어교육을 담당하는 교사 및 기관 인사관리자인 공급자를
모두 만족시키는 영어능력인증 평가입니다.

**TOSEL**은 인지적-학문적 언어 사용의 유창성 (Cognitive-Academic Language Proficiency, CALP)과
기본적-개인적 의사소통능력 (Basic Interpersonal Communication Skill, BICS)을
엄밀히 구분하여 수험자의 언어능력을 가장 친밀하게 평가하는 시험입니다.

## 대상

유아, 초, 중, 고등학생, 대학생 및 직장인 등 성인

## 목적

한국의 영어교과과정을 고려하여 한국인의 영어구사능력증진에 적합하도록 개발

## 용도

실질적인 영어구사능력 평가 + 입학전형 및 인재선발 등에 활용 / 직무역량별 인재 배치

## 연혁

| | |
|---|---|
| 2002.02 | 국제토셀위원회 창설 (수능출제위원역임 전국대학 영어전공교수진 중심) |
| 2004.09 | TOSEL 고려대학교 국제어학원 공동인증시험 실시 |
| 2006.04 | EBS 한국교육방송공사 주관기관 참여 |
| 2006.05 | 민족사관고등학교 입학전형에 반영 |
| 2008.12 | 고려대학교 편입학시험 TOSEL 유형으로 대체 |
| 2009.01 | 서울시 공무원 근무평정에 TOSEL 점수 가산점 부여 |
| 2009.01 | 전국 대부분 외고, 자사고 입학전형에 TOSEL 반영 |
| | (한영외국어고등학교, 한일고등학교, 고양외국어고등학교, 과천외국어고등학교, 김포외국어고등학교, |
| | 명지외국어고등학교, 부산국제외국어고등학교, 부일외국어 고등학교, 성남외국어고등학교, 인천외국어고등학교, |
| | 전북외국어고등학교, 대전외국어고등학교, 청주외국어고등학교, 강원외국어고등학교, 전남외국어고등학교) |
| 2009.12 | 청심국제중 • 고등학교 입학전형 TOSEL 반영 |
| 2009.12 | 한국외국어교육학회, 팬코리아영어교육학회, 한국음성학회, 한국응용언어학회 TOSEL 인증 |
| 2010.03 | 고려대학교, TOSEL 출제기관 및 공동 인증기관으로 참여 |
| 2010.07 | 경찰청 공무원 임용 TOSEL 성적 가산점 부여 |
| 2014.04 | 전국 200개 초등학교 단체 응시 실시 |
| 2017.03 | 중앙일보 주관기관 참여 |
| 2018.11 | 관공서, 대기업 등 100여 개 기관에서 TOSEL 반영 |

# About TOSEL® ——— 토셀에 관하여

## What's TOSEL?

"Test of Skills in the English Language"

**TOSEL은 비영어권 국가의 영어 사용자를 대상으로 영어구사능력을 측정하여
그 결과를 공식 인증하는 영어능력인증 시험제도입니다.**

## 영어 사용자 중심의 맞춤식 영어능력 인증 시험제도

### 맞춤식 평가

**획일적인 평가에서
세분화된 평가로의 전환**

TOSEL은 응시자의 연령별
인지단계에 따라 별도의 문항과 난이도를
적용하여 평가함으로써 평가의
목적과 용도에 적합한 평가 시스템을
구축하였습니다.

### 공정성과 신뢰성 확보

**국제토셀위원회의 역할**

TOSEL은 대학입학 수학능력시험
출제위원 교수들이 중심이 된
국제토셀위원회가 출제하여
사회적 공정성과 신뢰성을 확보한
평가제도입니다.

### 수입대체 효과

**외화유출 차단 및 국위선양**

TOSEL은 해외시험응시로 인한 외화의
유출을 막는 수입대체의 효과를 기대할 수
있습니다. TOSEL의 문항과 시험제도는
비영어권 국가에 수출하여 국위선양에
기여할 수 있습니다.

# Why TOSEL® ———— 왜 토셀인가

**01 학교 시험 폐지**

중학교 이하 중간, 기말고사 폐지로 인해 객관적인 영어 평가 제도의 부재가 우려됩니다. 그러나 전국 단위로 연간 4번 시행되는 TOSEL 정기시험을 통해 학생들은 정확한 역량과 체계적인 학습 방향을 공백 없이 진단받고, 꾸준히 영어학습 동기부여를 받을 수 있습니다.

**02 연령별/단계별 대비로 영어학습 점검**

TOSEL은 응시자의 연령별 인지단계 및 영어 학습 단계에 따라 총 7단계로 구성되었습니다. 각 단계에 알맞은 문항유형과 난이도를 적용해 모든 연령 및 학습 과정에 맞추어 가장 효율적으로 영어실력을 평가할 수 있도록 개발된 영어시험입니다.

**03 학교내신성적 향상**

TOSEL은 학년별 교과과정과 연계하여 학교에서 배우는 내용을 복습하고 평가할 수 있도록 문항 및 주제를 구성하여 내신영어 향상을 위한 최적의 솔루션을 제공합니다.

**04 수능대비 직결**

유아, 초, 중등시절 어렵지 않고 즐겁게 학습해 온 영어이지만, 수능시험준비를 위해 접하는 영어의 문항 및 유형 난이도에 주춤하게 됩니다. 이를 대비하기 위해 TOSEL은 유아부터 성인까지 점진적인 학습을 통해 수능대비를 자연적으로 해나갈 수 있습니다.

**05 진학과 취업에 대비한 필수 스펙관리**

개인별 '학업성취기록부' 발급을 통해 영어학업성취이력을 꾸준히 기록한 영어학습 포트폴리오를 제공하여 영어학습 이력을 관리할 수 있습니다.

**06 자기소개서에 토셀 기재**

개별적인 진로 적성 Report를 제공하여 진로를 파악하고 자기소개서 작성시 적극적으로 활용할 수 있는 객관적인 자료를 제공합니다.

**07 영어학습 동기부여**

시험실시 후 응시자 모두에게 수여되는 인증서는 영어학습에 대한 자신감과 성취감을 고취시키고 동기를 부여합니다.

**08 미래형 인재 진로지능진단**

문항의 주제 및 상황을 각 교과 능력과 상호 연관하여 정량적으로 진단하는 분석 자료를 통해 학생 개인에 대한 이해도를 향상하고 진로 선택에 유용한 자료를 제공합니다.

**09 명예의 전당, 우수협력기관 지정**

성적우수자, 우수교육기관은 'TOSEL 명예의 전당'에 등재되고, 각 시/도별, 레벨 별 만점자 및 최고득점자를 선정하여 명예의 전당에 등재합니다.

# Evaluation ──────── 평가

## 평가의 기본원칙
TOSEL은 PBT(PAPER BASED TEST)를 통하여 간접평가와 직접평가를 모두 시행합니다.

**TOSEL은 언어의 네 가지 요소인 읽기, 듣기, 말하기, 쓰기 영역을 모두 평가합니다.**

문자언어 · 읽기능력 · 쓰기능력
음성언어 · 듣기능력 · 말하기능력

대한민국 대표 영어능력 인증 시험제도

# TOSEL®

| | |
|---|---|
| **Reading 읽기** | 모든 레벨의 읽기 영역은 직접 평가 방식으로 측정합니다. |
| **Listening 듣기** | 모든 레벨의 듣기 영역은 직접 평가 방식으로 측정합니다. |
| **Writing 쓰기** | 모든 레벨의 쓰기 영역은 간접 평가 방식으로 측정합니다. |
| **Speaking 말하기** | 모든 레벨의 말하기 영역은 간접 평가 방식으로 측정합니다. |

---

**TOSEL은 연령별 인지단계를 고려하여 아래와 같이 7단계로 나누어 평가합니다.**

| 단계 | | |
|---|---|---|
| **1** 단계 | TOSEL® COCOON | 5~7세의 미취학 아동 |
| **2** 단계 | TOSEL® Pre-STARTER | 초등학교 1~2학년 |
| **3** 단계 | TOSEL® STARTER | 초등학교 3~4학년 |
| **4** 단계 | TOSEL® BASIC | 초등학교 5~6학년 |
| **5** 단계 | TOSEL® JUNIOR | 중학생 |
| **6** 단계 | TOSEL® HIGH JUNIOR | 고등학생 |
| **7** 단계 | TOSEL® ADVANCED | 대학생 및 성인 |

# TOSEL®

## '학업성취기록부'에 토셀 인증등급 기재

| 개인별 '학업성취기록부' 평생 발급 | 진학과 취업을 대비한 **필수 스펙관리** |
| --- | --- |

## '토셀 명예의 전당' 등재

### 특별시, 광역시, 도 별 **1등 공개** (7개시 9개도 **1등 공개**)

예시: 제 55회 TOSEL 정기시험 명예의 전당

### 서울 1등

| | | |
| --- | --- | --- |
| PreStarter | **김진 \*** | (2008년 4월생) |
| Starter | **이규 \*** | (2006년 2월생) |
| Basic | **유하 \*** | (2005년 4월생) |
| Junior | **신지 \*** | (2003년 1월생) |
| High Junior | **박상 \*** | (2003년 3월생) |
| Intermediate | **김민 \*** | (2000년 11월생) |

### 부산 1등

| | | |
| --- | --- | --- |
| PreStarter | **김민 \*** | (2008년 9월생) |
| Starter | **이하 \*** | (2007년 5월생) |
| Basic | **최지 \*** | (2005년 5월생) |
| Junior | **박도 \*** | (2005년 9월생) |
| High Junior | **강시 \*** | (2004년 6월생) |
| Intermediate | **김준 \*** | (2001년 5월생) |

### 대구 1등

| | | |
| --- | --- | --- |
| PreStarter | **유도 \*** | (2007년 11월생) |
| Starter | **김규 \*** | (2007년 6월생) |
| Basic | **박민 \*** | (2005년 10월생) |
| Junior | **신서 \*** | (2003년 4월생) |
| High Junior | **김하 \*** | (2004년 2월생) |
| Intermediate | **최유 \*** | (2001년 3월생) |

### 경기도 1등

| | | |
| --- | --- | --- |
| PreStarter | **김은 \*** | (2008년 12월생) |
| Starter | **서지 \*** | (2006년 4월생) |
| Basic | **김하 \*** | (2006년 7월생) |
| Junior | **박다 \*** | (2005년 5월생) |
| High Junior | **오연 \*** | (2003년 7월생) |
| Intermediate | **이희 \*** | (2000년 6월생) |

### 강원도 1등

| | | |
| --- | --- | --- |
| PreStarter | **박혜 \*** | (2007년 4월생) |
| Starter | **최은 \*** | (2006년 7월생) |
| Basic | **김은 \*** | (2006년 2월생) |
| Junior | **고나 \*** | (2004년 5월생) |
| High Junior | **가은 \*** | (2003년 7월생) |
| Intermediate | **조해 \*** | (2001년 11월생) |

### 충청북도 1등

| | | |
| --- | --- | --- |
| PreStarter | **장현 \*** | (2008년 1월생) |
| Starter | **임서 \*** | (2005년 12월생) |
| Basic | **김한 \*** | (2006년 12월생) |
| Junior | **최진 \*** | (2003년 3월생) |
| High Junior | **김예 \*** | (2003년 2월생) |
| Intermediate | **박소 \*** | (2000년 3월생) |

# TOSEL®

## 미래형 인재 진로적성지능 진단

### 십 수년간 전국단위 정기시험으로 축적된 빅데이터를 교육공학적으로 분석 · 활용하여 산출한 개인별 성적자료

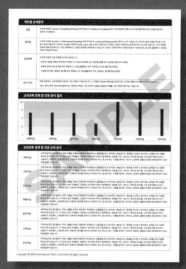

- 정확한 영어능력진단
- 응시지역, 동일학년, 전국에서의 학생의 위치
- 개인별 교과과정, 영어단어 숙지정도 진단
- 강점, 취약점, 오답문항 분석결과 제시

## 인증서

### 대한민국 초,중,고등학생의 **영어숙달능력 평가 결과 공식인증**

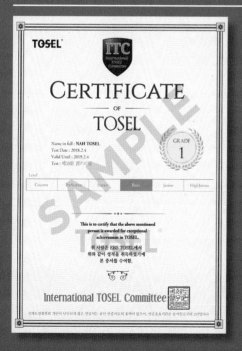

고려대학교 인증획득 (2010. 03)

팬코리아영어교육학회 인증획득 (2009. 10)

한국응용언어학회 인증획득 (2009. 11)

한국외국어교육학회 인증획득 (2009. 12)

한국음성학회 인증획득 (2009. 12)

# New High Junior

## 새롭게 개편된 New High Junior, 어떤 시험인가요?

New High Junior 시험은 중고등학교의 학습자가 **일상에서 흔히 접할만한 소재**와
**실생활에서 쓰이는 어휘, 표현**을 녹여내 TOSEL High Junior 에 대비하는 것만으로도
진정한 **실용영어능력 향상**이 될 수 있도록 고안되었습니다.
New High Junior의 비전은 중고등학생들의 영어 교육의 질을 높이고
영어 학습 방향을 바로 잡아주는 데에 있습니다.

| 일상과 동떨어지고 지루한 주제 | 내신 영어, 수능 영어, TOEIC, TOEFL, ...<br>이것 따로 저것 따로 공부하는 시험 영어 |

⌄  ⌄

| 실용적이고 흥미로운 주제<br>(학습동기 향상) | 종합적인 영어 능력 평가 시스템<br>(올바른 학습 방향 설정) |

## 영역별 구성 설명

| 유형 | 영역별 구성 | 문항수 | 문항 내용 | 시험시간 | 배점 |
|---|---|---|---|---|---|
| Section I.<br>Listening<br>and<br>Speaking | Part 1.<br>Listen and Recognize | 6 | 대화를 듣고 세 사진 중<br>내용과 가장 관련이 있는 것 선택하기 | 25분 | 50 |
| | Part 2.<br>Listen and Respond | 10 | 발화나 대화를 듣고<br>다음에 이어서 말할 내용 선택하기 | | |
| | Part 3.<br>Short Conversations | 10 | 대화를 듣고<br>내용에 대한 질문에 답하기 | | |
| | Part 4. Talks | 4 | 담화를 듣고 내용에 대한 질문에 답하기 | | |
| Section II.<br>Reading<br>and<br>Writing | Part 5.<br>Picture Description | 6 | 사진을 보고 사진을 묘사하는 데<br>가장 알맞은 단어나 어구 선택하기 | 35분 | 50 |
| | Part 6.<br>Sentence Completion | 10 | 불완전한 문장을 읽고, 문법 지식을<br>활용하여 상황에 맞게 문장을 완성하기 | | |
| | Part 7. Practical Reading<br>Comprehension | 13 | 실용문과 자료를 읽고 질문에 답하기 | | |
| | Part 8. General Reading<br>Comprehension | 6 | 다양한 글을 읽고 세부 내용에 대한<br>질문, 글의 주제 등 글의 종합적 이해에<br>관한 질문에 답하고 요약문 완성하기 | | |
| Total | 8 Parts | 65 | **말하기, 듣기, 읽기, 쓰기 평가** | **60분** | **100** |

# New High Junior

## What? 무엇이 바뀌었나요?

### 실용 영어 측면 강조

**실용문(Part 7)의 비중을 기존 시험보다 훨씬 높여** 문자 메시지, 이메일, 광고문, 공지문, 일정 등 여러 가지 실용문이 다채롭게 출제됩니다. 전체적인 어휘 수준도 **실용성에 초점을** 두어 **평이한 수준**이며, 실생활에서 자주 쓰이더라도 공부를 깊게 하지 않으면 모르는 어휘가 많기 때문에 그 부분에서 **변별력을 갖춘** 시험입니다.

### 생생한 실물 사진 활용

**Part 1(짧은 대화)**과 **Part 5(어휘)** 에서는 기존 시험에서는 볼 수 없었던 **실물 사진**이 등장합니다. 이는 해당 **영어 표현**과 **관련 사진**을 함께 접목하여 공부할 수 있는 환경을 제공하기 때문에 **실용적인 어휘 학습에 최적화된 평가** 시스템이라 할 수 있습니다.

### 수능유형 연습 문제

**Part 8**의 요약문 및 장문 독해 문항은 수능을 대비하는 학생을 위해 **수능유형과 동일한 문항 유형으로** 구성되었습니다. 또한 교육부가 제시하는 고등학교 영어교육과정 필수 영어단어 3,000개의 수준 내에서 출제하고 있어, 수능을 대비하는 학생들은 일년에 4회 전국적으로 실시되는 TOSEL을 통해 실전 연습을 할 수 있습니다.

## Why? 왜 바뀌었나요?

**01**

점점 국제적인 노출이 많아지는 우리 아이들. 달달 외우기만 하는 내신 영어와 난이도와 점수 가르기에만 급급한 실용성 없는 영어 시험으로는 국제화 시대 영어 환경에 대비하기 어렵습니다. TOSEL New High Junior는 실제 영어 실력에 별 도움이 되지 않는 획일적인 영어 시험을 지양하고, 학습자가 **국제적 인재**로서 거듭나도록 **영어 실력 향상에 실질적인 도움이 되는 실용적인 시험**을 만들고자 하였습니다.

**02**

**교과과정이 개편**되고, **수능 영어 시험**이 **절대평가**로 전환되면서 영어 시험의 난이도가 다소 낮아지고 있습니다. 이런 실정에 발맞춰 어렵지 않으면서도 **보다 더 정확히 영어 능력을 측정해줄 수 있는 중고등 수준의 영어 시험**이 절실해졌습니다. TOSEL New High Junior는 1) **부담스럽지 않고**, 2) **실용적**이고, 3) **변별력**도 있으며, 4) 실제 영어 능력만큼 성과가 나오는 **정직한 시험**이 되고자 탄생했습니다.

**03**

대학생 및 성인을 대상으로 하는 TOSEL Advanced는 관공서, 대기업 등 100여 개 기관에서 반영하고 있습니다. TOSEL New High Junior는 이 성인시험과 동일한 유형으로 구성되었지만 문항 난이도, 문항수, 시험 시간 등을 조절하여 TOSEL Advanced보다 한 단계 쉬운 레벨로서, New High Junior 공부를 통해 취업 및 대학편입학, 대학원 진학 등에 필요한 시험인 TOSEL Advanced까지 자연스럽게 이어질 수 있도록 고안된 시험입니다.

# About this book

본 교재는 개편된 New High Junior 시험을 구성별로 차례차례 소개하는 **지침서**이며,
학습자들이 시험 유형을 **부담 없이** 숙지하고 습득하도록 교재를 다음과 같이 깔끔하게 구성했습니다.

## 책 구조 한 눈에 보기

### Study Plan

4주 Plan: 단기 집중 공략
8주 Plan: 기초부터 실전까지
　　　　단계별로 정복

### Overview

각 파트 시험 소개 및
학습 전략

### Example

예제와
자세한 풀이 방법 설명

### Pattern Practice

실전보다 약간 쉽거나
축약된 형태의 문제로
TOSEL 시험 맛보기

### Practice Test

실제 시험과 동일한
형태와 수준의 문제로
실전 연습하기

### Actual Test

책의 마지막 부분에 수록된
1회분 실전 모의고사로
실제 시험을 경험하고
최종 마무리하기

### 쉬어가기

가벼운 읽기 자료

### Appendix

TOSEL 시험에 나오는
어휘, 표현 분야별 정리

### 정답과 해설

Practice Test와 Actual Test 속
문제의 포인트를 잡는
명쾌한 해설

# About this book

## 1 파트 구성 정보

TOSEL New High Junior 시험의 듣기와 말하기 Section은 각각 총 4개의 파트로
나뉘어 있습니다. 각 파트별 단원이 시작하기 전에 각각 어떤 문항이 출제되는지, 어떤
종류의 유형이 있는지, 총 몇 개의 문항으로 구성되는지 등 **파트별 문항 구성 정보**를
한눈에 알아보기 쉽게 정리하였습니다.

## 2 토셀쌤의 친절한 학습 조언

각 파트는 세부 유형으로 나누어 학습합니다. 본격적인 유형 학습에
들어가기에 앞서 영어 학습의 든든한 조력자 **토셀쌤**이 **각 파트별 알짜 학습
전략**을 친절하게 알려줍니다. 문항을 풀 때 **문항 접근 방식 및 풀이 전략,
유형별 학습 방법** 등 토셀쌤의 친절한 조언을 참고하여 심도 있고 수준 높은
영어 학습을 하기 바랍니다.

# About **this book**

 **3단계 유형 학습**

각 파트는 세부 유형으로 구분됩니다. 각 유형 학습은 세 단계로 나뉘어 학습하도록 구성하였습니다. 1단계부터 3단계까지 차근차근 학습하다 보면 자연스레 유형을 습득할 수 있도록 구성하였습니다. 세 단계는 다음과 같습니다.

### Step 1. Example

**유형을 처음 익히는 단계**이며, 유형마다 **대표 예시 문항 하나**가 제시됩니다. '토셀쌤의 시범 풀이'가 제공되어 질문을 읽는 순간부터 정답을 고르고 난 후 문제 풀이의 모범 과정을 알려줍니다. 학습자는 시범 풀이를 보면서 **'토셀쌤의 친절한 조언'**에서 다뤄졌던 내용이 실제 문제 풀이에 어떻게 적용될 수 있는지 확인할 수 있고, 이를 통해 향후 **문제 풀이에 필요한 능력**을 확실히 다질 수 있습니다.

### Step 2. Pattern Practice

**유형과 친해지는 중간 단계**이며, 각 유형마다 **두 문항** 정도가 출제됩니다. 문항 바로 다음에 해석과 해설을 꼼꼼히 수록하여 학생들이 문제를 푼 뒤 바로 확인할 수 있도록 하였습니다. 1단계인 Example을 공부하고 바로 3단계인 Practice Test를 학습하면 무리가 될 수 있으므로 그 중간에서 다시 한번 **부담 없이 유형을 숙지할 수 있도록** 구성한 사다리 같은 단계입니다.

### Step 3. Practice Test

**유형을 완벽히 습득하는 마지막 단계**이며, 각 유형마다 **네 문항** 정도가 수록돼 있습니다. 해석과 해설은 본문에 제공되지 않으며, 별책인 정답 및 해설지에 따로 제공됩니다. 학생들이 **스스로 실제 문항을 풀어 보며** 유형을 완전히 **숙지**하도록 하는 단계입니다.

# About **this book**

---

**4** **Actual Test 1회**

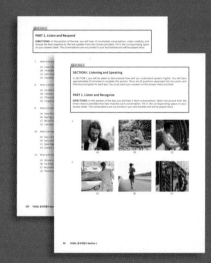

**TOSEL New High Junior**
**실전문제 1회분**이 수록돼 있습니다.
학습자는 모든 유형의 학습이 끝나면
실전 문제를 풀어 보며
실전 감각을 익힐 수 있습니다.

**5** **쉬어가기**

Part 7과 Part 8에서 각 유형 학습이 끝나고 등장하는
쉬어가기 공간으로 가볍게 읽을 수 있는 읽기 자료를
수록하였습니다. 영어 표현의 유래, 사회, 문화, 예술, 과학,
기술 등 다양한 주제를 다루는 글을 읽으며 상식도 쌓고 영어
표현도 덤으로 학습하며 머리를 식히기 바랍니다.

**6** **Appendix & Answers**

**Appendix(별책)**에는 **파트별 어휘**가 수록돼
있어 복습에 활용할 수 있습니다. 또한 각 유형
**Practice Test** 단계에서 **출제된 문항과 Actual
Test 문항의 해석과 해설**이 수록돼 있어 문제
풀이 후 자신의 학습 결과를 확인하고 복습할 수
있습니다.

# Weekly Study Plan

## 4-WEEK Plan  단기간 안에 점수가 필요한 학습자를 위한 플랜

|  | Day 1 | Day 2 | Day 3 | Day 4 | Day 5 |
|---|---|---|---|---|---|
| **Week 1** | Part1 유형1-2 <br> 월 일 | Part1 유형3 <br> Part2 유형1 <br> 월 일 | Part2 유형2 <br> 월 일 | Part2 유형3 <br> 월 일 | Review <br> 월 일 |
| **Week 2** | Part2 유형4 <br> 월 일 | Part2 유형5 <br> 월 일 | Part3 유형1 <br> 월 일 | Part3 유형2 <br> 월 일 | Review <br> 월 일 |
| **Week 3** | Part3 유형3 <br> 월 일 | Part3 유형4 <br> 월 일 | Part3 유형5 <br> 월 일 | Part4 유형1 <br> 월 일 | Review <br> 월 일 |
| **Week 4** | Part4 유형2 <br> 월 일 | Part4 유형3 <br> 월 일 | Review <br> 월 일 | Final Test <br> 월 일 | Review <br> 월 일 |

# Weekly **Study Plan**

**8-WEEK Plan** 기초부터 실전까지 차근차근 정복하여 TOSEL 점수를 내고 싶은 학습자를 위한 플랜

| | Day 1 | Day 2 | Day 3 | Day 4 | Day 5 |
|---|---|---|---|---|---|
| **Week 1** | Part1 유형1 <br> 월 일 | Part1 유형2 <br> 월 일 | Part1 유형3 <br> 월 일 | Part1 유형3 <br> 월 일 | Review <br> 월 일 |
| **Week 2** | Part2 유형1 <br> 월 일 | Part2 유형1 <br> 월 일 | Part2 유형2 <br> 월 일 | Part2 유형2 <br> 월 일 | Review <br> 월 일 |
| **Week 3** | Part2 유형3 <br> 월 일 | Part2 유형3 <br> 월 일 | Part2 유형4 <br> 월 일 | Part2 유형4 <br> 월 일 | Review <br> 월 일 |
| **Week 4** | Part2 유형5 <br> 월 일 | Part2 유형5 <br> 월 일 | Part3 유형1 <br> 월 일 | Part3 유형1 <br> 월 일 | Review <br> 월 일 |
| **Week 5** | Part3 유형2 <br> 월 일 | Part3 유형2 <br> 월 일 | Part3 유형3 <br> 월 일 | Part3 유형3 <br> 월 일 | Review <br> 월 일 |
| **Week 6** | Part3 유형4 <br> 월 일 | Part3 유형4 <br> 월 일 | Part3 유형5 <br> 월 일 | Part3 유형5 <br> 월 일 | Review <br> 월 일 |
| **Week 7** | Part4 유형1 <br> 월 일 | Part4 유형1 <br> 월 일 | Part4 유형2 <br> 월 일 | Part4 유형2 <br> 월 일 | Review <br> 월 일 |
| **Week 8** | Part4 유형3 <br> 월 일 | Part4 유형3 <br> 월 일 | Review <br> 월 일 | Final Test <br> 월 일 | Review <br> 월 일 |

# Table of Contents

# Section I. Listening & Speaking

# Part ①

## Listen and Recognize

# Part 1 Listen and Recognize

## Part 1 시험 구성

| 유형 | | 세부 유형 | 문항수 |
|---|---|---|---|
| 1 | 인물 동작 (Actions of People) | 인물의 동작이나 행동 등 | 1~3문항 |
| 2 | 인물 묘사 (Descriptions of People) | 인물의 기분이나 컨디션 등 | |
| 3 | 사물, 동물, 배경 묘사 (Descriptions of Objects) | 사물, 배경, 동식물 등 | |
| | 총 3개 유형 | | 총 6문항 |

① 1-6번까지 총 6문항으로 구성된다.

② 두 개의 턴으로 이루어진 두 사람의 짧은 대화를 듣고, 주어진 3장의 사진 중 대화와 가장 관련 있는 사진을 고르는 문제이다.

③ 대화는 두 번씩 들려준다.

## Part 1 사진 유형

인물 동작 묘사

ex  Hold on—let me take a picture first.

인물 상태 묘사

ex  Jannet finally published her book! She looks so happy.

사물, 동물, 배경 묘사

ex  We're running out of toilet paper.

## 토셀쌤의 친절한 Part 1 조언

**1    미리 사진 살펴보기**

Part 1은 사진 3장이 함께 등장합니다. 짧은 대화를 들으면서 동시에 사진 3장 중에서 대화와 가장 어울리는 것을 고르는 일은 쉽지 않습니다. 그래서 대화가 나오기 전 미리 사진을 살펴보는 습관을 들이면 큰 도움이 됩니다. 토셀쌤은 사진을 훑어보면서 사람은 무엇을 하는지, 사물은 어디에 있는지, 적절한 영어 표현을 무엇일지 등을 생각합니다. 여러분도 토셀쌤처럼 꾸준히 연습한다면 관찰력과 표현력이 일취월장할 것입니다.

**2    핵심어에 주목하기**

'Phoebe is a big fan of reading books.'(Phoebe는 독서를 아주 좋아해.)라는 문장에서 어떤 부분이 문장의 핵심 정보를 담고 있나요? 'is', 'a', 'of' 보다는 'Phoebe', 'big fan', 'reading books'일 것입니다. 이 핵심 정보를 바탕으로 독서를 하는 사람의 사진을 고르면 되겠지요. 앞으로 문장의 주요 내용을 담고 있는 핵심어에 주목해서 문장의 중심 뜻을 파악하려 노력해보기 바랍니다. 핵심어를 빠르고 정확하게 파악하는 능력은 Listening and Speaking Section 전반에 걸쳐 중요한 능력입니다. 이 부분에 대해서는 나중에 다시 다루겠습니다.

**3    오답 사진 분석하기**

복습할 때 정답 사진만 확인하고 바로 다음 문제로 넘어가곤 합니다. 하지만 오답 사진까지 두루두루 살펴본다면 어떨까요? 오답 사진은 분명 제시되는 대화와는 어울리지 않지만 아무 이유 없이 보기에 등장한 게 아닙니다. 오답 사진은 대부분 여러분이 헷갈릴만한 부분을 이용한 함정 장치를 품고 있습니다. 오답 사진을 시간을 들여 아주 자세히 분석할 필요는 없습니다. 그냥 잠깐이라도 '왜 이 사진을 넣었을까?' 하고 생각해보기 바랍니다. 그러면 Part 1의 문제 구성 원리를 더 확실하게 이해하게 될 것입니다.

# 1. Actions of People

대화 중 **인물의 행동**이나 **동작**에 관한 정보가 나옵니다. 이를 가장 잘 표현한 사진을 고르는 유형입니다.

---

**STEP 1 ≫ Example**

🎧 Track 1-1-01

Q.

 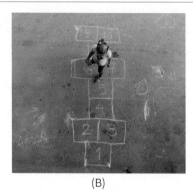 

| (A) | (B) | (C) |

---

사진을 미리 훑어보면 모두 아이들이 놀고 있는 사진임을 알 수 있습니다. 따라서 무슨 놀이가 언급되는지, 또 혼자서 하는지 여럿이서 하는지 주의하며 대화를 들어야하겠다고 짐작해볼 수 있습니다. 여유가 있다면 어떤 영어 표현이 나올지 생각해보는 것도 좋습니다. (A)는 다 같이 무언가를 골똘히 보고 있으니 'watch', (B)는 사방치기 놀이를 하고 있으니 'jump', (C)는 블록 놀이를 하고 있으니 'blocks' 등을 떠올릴 수 있겠네요. 그럼 실제로 대화를 들어봅시다.

---

M: What's Jenny doing?

W: She's in her room playing blocks with friends.

남: Jenny는 뭐 하고 있어?

여: 자기 방에서 친구들이랑 블록 놀이하고 있어.

---

**토셀쌤의 시범 풀이**

두 사람이 Jenny가 무엇을 하고 있는지 대화를 나누고 있었습니다. 여자의 말로 미루어보아, Jenny는 친구들 ('with friends')과 블록 놀이('playing blocks')를 하고 있으니 정답 사진은 바로 (C)가 되겠습니다.

오답 사진을 살펴보며 마무리해 봅시다.

(A): 'playing'과 'with friends'만을 얼핏 들었을 때 고르도록 만든 오답입니다.

(B): 바닥에 블록 모양을 그려놓고 놀고 있는 것을 'playing blocks'로 오해했을 때 고를 수 있는 오답입니다.

정답: (C)

---

STEP 2 ≫ Pattern Practice

🎧 Track 1-1-02  🎧 Track 1-1-03

1.

(A)

(B)

(C)

W: Can you help me with the table?

M: Sure, I'll set it.

여: 상차리는 것 좀 도와줄래?

남: 물론, 내가 차릴게.

**[풀이]** 여자가 'the table'에 관해 도와달라고 부탁하고 있습니다. 그런데 정확히 무엇을 도와달라는 것일까요? 그것은 남자의 대답에 달려있습니다. 남자의 'Sure, I'll set it.'에서 'it'은 'the table'을 가리키는 것으로 이를 합치면 'set the table'(식탁을 차리다)이라는 동작 표현이 완성됩니다. 그러므로 여자가 상을 차려달라고 부탁하고 있는 상황임을 파악할 수 있습니다. 따라서 식탁을 차리고 있는 사진 (B)가 정답입니다. 두 사람의 대화 중 한 사람의 말이라도 놓쳤다면 답을 고르기 어려웠을 겁니다. (A)의 경우, 'table'을 듣긴 들었지만, 남자의 말과 연관 지어 생각하지 못했을 때 고르도록 유도한 오답입니다. (C)의 경우, 상 차리기와 장보기의 연관성을 이용한 오답입니다. 항상 대화에서 들려주는 정보만을 가지고 사진을 골라야 한다는 점을 명심하기 바랍니다.

**[어휘]** set the table 식탁을 차리다

정답: (B)

2.

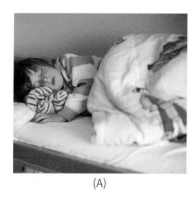

(A)

(B)

(C)

M: Look at Kevin. He's sleeping in class.

W: I bet he's been up all night playing virtual reality games again.

남: Kevin을 봐. 수업 시간에 자고 있어.

여: 내가 장담하는데 쟤 가상현실 게임 하느라 또 밤을 새웠어.

**[풀이]** Kevin이 수업 시간에 자고 ('sleeping in class') 있다고 했으므로 강의실에 앉아 자고 있는 인물 사진 (C)가 정답입니다. (A)의 경우, 'sleeping in class'에서 'in class'를 제대로 듣지 못했을 때 고르도록 유도한 오답입니다. (B)의 경우, 인형 뽑기가 'virtual reality games'의 한 종류라고 할 수 없으니 오답입니다.

**[어휘]** virtual reality 가상현실 | virtual 가상의; 사실상의, 거의

정답: (C)

Track 1-1-04  Track 1-1-05  Track 1-1-06  Track 1-1-07

1.

(A)

(B)

(C)

2.

(A)

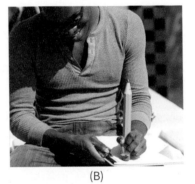

(B)

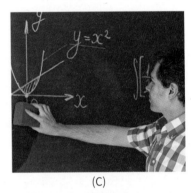

(C)

3.

(A)

(B)

(C)

4.

(A)

(B)

(C)

# 2. Descriptions of People 인물 묘사

대화 중 **인물의 상태나 감정, 인물이 처한 상황** 등에 관한 정보가 나옵니다. 이와 가장 관련 있는 사진을 고르는 유형입니다.

## STEP 1 ≫ Example

Track 1-2-01

Q.

(A)

(B)

(C)

미리 사진을 훑어보니, 세 장의 사진 모두 의류 혹은 옷과 관련이 있습니다. 이 대화는 옷과 관련된 대화일 것이라고 짐작하며 대화를 들어보도록 하겠습니다. 더 나아가, 어떤 표현이 나올 수 있는지 미리 생각해볼 수도 있습니다. Part 1에서 사진을 미리 보는 행위는 간단한 예측을 하면서 마음의 준비를 하는 정도라는 것을 명심하기 바랍니다.

| | |
|---|---|
| M: You have such a great sense of fashion. | 남: 너 패션 감각 정말 좋다. |
| W: Thanks. My mom's a fashion designer. She makes all my clothes. | 여: 고마워. 우리 엄마가 패션 디자이너이거든. 내 옷을 다 만들어 주셔. |

### 토셀쌤의 시범 풀이

남자가 패션 감각이 좋다며 여자를 칭찬하고 있습니다. 이 말만 듣고는 세 장의 사진 중 무엇이 가장 적절한지 아직 확실치 않습니다. 그렇다면 여자의 말에 좀 더 주목해야겠습니다. 여자는 칭찬에 감사를 표시하며 자신의 어머니가 패션 디자이너라고 부연 설명합니다. 바로 그다음 'She makes all my clothes.'를 통해 옷을 만들고 있는 사진 (A)가 답이라는 것을 확실히 알 수 있습니다.

오답 사진을 살펴보며 마무리해 봅시다.

(B): 남자의 말만 들었다면 (B)를 고를지도 모릅니다. 쇼핑하는 상황에서 개인의 패션 감각을 칭찬하는 건 충분히 가능한 상황이니까요. 하지만 여자의 말을 들으면 (A)가 가장 알맞은 사진임을 알 수 있습니다. 그러니 대화를 모두 꼼꼼히 들어야 한다는 사실을 명심하기 바랍니다.

(C): 'my mom', 'clothes' 정도만 대략 알아들었다면 세 장의 사진 중 무엇을 골라야 하는지 도무지 감이 잡히지 않겠죠? (C)는 이런 경우 고르도록 유도한 오답입니다.

[어휘] clothes 옷, 의복 | a (great) sense of fashion (멋진) 패션 감각

정답: (A)

🎧 Track 1-2-02    🎧 Track 1-2-03

1.

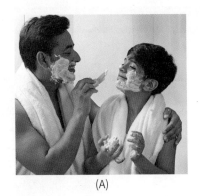  

(A)　　　　　　　　　　(B)　　　　　　　　　　(C)

W: Why aren't you eating? This ice cream is your favorite.

M: I have a toothache. I think I may need a tooth pulled.

여: 왜 안 먹고 있어? 이 아이스크림 네가 제일 좋아하는 거잖아.

남: 치통이 있어. 이를 뽑아야 할 것 같아.

[풀이] 제일 좋아하는 아이스크림을 왜 먹지 않고 있는지 여자가 의아해하며 묻고 있습니다. 남자가 치통이 있어서라고 바로 이유를 말합니다. 따라서 치통 때문에 턱에 수건을 대고 남자가 아파하는 사진 (B)가 정답입니다. (A)의 경우, 'cream'만을 어렴풋이 듣고 면도 크림과 연관 지어 고르도록 유도한 오답입니다. (C)의 경우 'pulled' (당기다)를 듣고 문을 '당기고' 있는 행동과 연관 지어 고르도록 유도한 오답입니다.

[어휘] toothache 치통 | pull a tooth 이를 뽑다, 이를 빼다

정답: (B)

2.

(A)　　　　　　　　　　(B)　　　　　　　　　　(C)

M: Why does she look so upset?

W: I didn't allow her to go to the party at Dina's.

남: 그녀는 왜 그렇게 화가 나 보여?

여: 내가 Dina의 파티에 가지 못하게 했거든.

[풀이] 두 사람의 대화를 들어보니 파티에 가는 걸 허락받지 못해 'she'가 화가 난 상태입니다. 그러므로 한 손으로 턱을 괴고 기분이 안 좋아 보이는 (A)가 정답입니다. (B)와 (C)의 경우, 화가 난 상태라고 볼 수 없으므로 오답입니다.

[어휘] allow A to B A가 B 하도록 허락하다

정답: (A)

🎧 Track 1-2-04   🎧 Track 1-2-05   🎧 Track 1-2-06   🎧 Track 1-2-07

1.

(A)

(B)

(C)

2.

(A)

(B)

(C)

3.

(A)

(B)

(C)

4.

(A)

(B)

(C)

**Descriptions of People | 인물 묘사**  **29**

# 3. Descriptions of Objects

대화 중 **사물**, **배경**, **풍경**, **동식물** 등에 관한 정보가 언급됩니다. 이를 가장 잘 묘사하고 있는 사진을 고르는 유형입니다.

## STEP 1 ≫ Example

🎧 Track 1-3-01

Q.

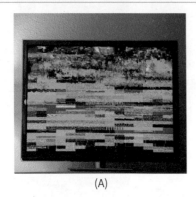
(A)

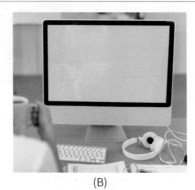
(B)

(C)

이번에도 사진을 미리 한번 살펴봅시다. 세 장의 사진 모두 전자기기 화면(screen)이 있습니다. 근데 화면이 어떤 건 깨져 보이고, 어떤 건 금이 가 있네요. 화면에 무슨 문제가 있는 건지 유심히 들어야겠습니다. 그렇다면 대화를 들어봅시다.

M: Your cellphone screen is broken. How can you still be using it?

W: I dropped it just this morning. I'm replacing it after class.

남: 너 핸드폰 화면이 깨졌네. 그걸 어떻게 아직도 사용하는 거야?

여: 오늘 아침에 막 떨어뜨린 거야. 수업 끝나고 교체할 거야.

### 토셀쌤의 시범 풀이

남자의 말에서 바로 문제점이 나옵니다. 여자의 휴대 전화 화면이 깨졌나 봅니다. 따라서 화면이 깨진 휴대 전화 사진 (C)가 정답입니다. 오답을 확인해 봅시다.

(A): 'Your cellphone screen is broken.'에서 'cellphone'을 제대로 듣지 못하고, 어떤 화면에 문제가 있다는 점만 어렴풋이 파악했을 때 고르도록 유도한 오답입니다.

(B): 'screen'이란 단어를 들었으나 전반적인 문맥을 파악하지 못했을 때 고르도록 유도한 오답입니다.

[어휘] drop (잘못해서) 떨어뜨리다[떨어지다] | replace 교체하다, 대신하다

정답: (C)

**STEP 2** >> **Pattern Practice**

🎧 Track 1-3-02　🎧 Track 1-3-03

1.

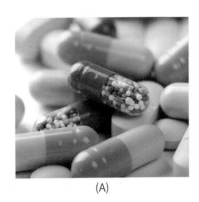

(A)

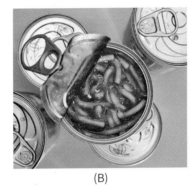

(B)

(C)

W: I ate this canned soup, and now I don't feel well.

M: Let me see that can. Hey, this was past its expiration date!

여: 이 통조림 수프를 먹었는데, 지금 속이 안 좋아.

남: 그 통조림 좀 줘 봐. 야, 이거 유통기한 지났잖아!

**[풀이]** 통조림 수프 ('canned soup')를 먹었는데 속이 좋지 않다고 합니다. 알고 보니 유통기한이 지난 통조림 수프였네요. 따라서 통조림 수프 사진 (B)가 정답입니다. (A)의 경우, 'I don't feel well'이라는 말과 '배탈약'을 연관 지어 고르도록 유도한 오답입니다. (C)의 경우, 'ate', 'soup'을 어렴풋이 듣고 음식과 관련된 대화라는 것만 파악했을 뿐 문맥을 전혀 인지하지 못했을 때 고를 수 있는 오답 사진입니다.

**[어휘]** canned (식품이) 통조림으로 된 | expiration date 유통기한

정답: (B)

2.

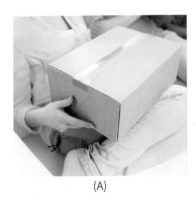

(A)

(B)

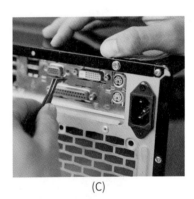

(C)

M: This website provides one-day delivery. I love this service.

W: You already got the package? Nice! That didn't even take one day.

남: 이 웹사이트는 당일 배송이 가능해. 이 서비스 너무 좋아.

여: 벌써 배송 물품을 받았다고? 좋다! 하루도 안 걸렸네.

**[풀이]** 하루가 채 안 돼 물품을 배송받고 난 뒤, 웹사이트의 당일 배송 서비스에 대해 칭찬하고 있네요. 따라서 택배 상자 사진 (A)가 정답입니다. (B)의 경우, 'website'가 나왔지만 대화는 사진에 나와 있는 검색어 'vaccination'과는 무관하므로 오답입니다. (C)의 경우, 'service'라는 말과 '고장 수리 서비스'를 연관 지어 고르도록 유도한 오답입니다.

**[어휘]** package 상자; 포장물 | take (얼마의 시간이) 걸리다 | vaccination 백신[예방] 접종

정답: (A)

Track 1-3-04.  Track 1-3-05  Track 1-3-06  Track 1-3-07

1.

(A)

(B)

(C)

2.

(A)

(B)

(C)

3.

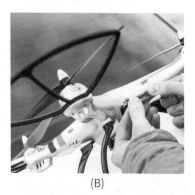
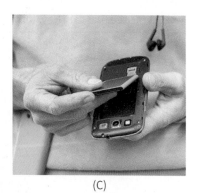

(A)

(B)

(C)

4.

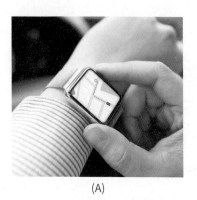

(A)

(B)

(C)

# Power of Film Editing

[1]　　　　　　　　　[2]

[3]　　　　　　　　　[4]

[5]　　　　　　　　　[6]

우리는 영화를 보면서 모든 장면이 끊김 없이 매끄럽게 연결돼있다고 느낍니다. 하지만, 사실 엄밀히 놓고 보면 영화는 서로 독립된 각 장면 (shot)을 특정한 순서로 나열해 합쳐 놓은 영상물이라 할 수 있습니다. 장면을 배치하고 조합시키는 과정을 편집 (editing)이라고 하는데, 영화 편집의 강력함은 20세기 초반 러시아 영화의 아버지라 불리는 쿨레쇼프 (Lev Kuleshov)의 실험에 의해 증명됐습니다.

쿨레쇼프는 실험에서 먹음직스러운 수프, 관 속에 누워있는 소녀, 소파에 누워있는 어여쁜 여인의 모습이 각각 무표정의

남자와 번갈아 가며 나타나는 짧은 영화를 보여주었습니다. 그런데 관객의 반응은 놀라웠습니다. 분명히 남자는 똑같이 무표정을 짓고 있었지만, 수프 장면 뒤에 나왔을 때는 관객들은 남자가 배고픈 눈빛을 했다고 느꼈고, 관 속에 누워있는 소녀 장면 뒤에서는 남자의 표정이 슬펐다고 이야기 했으며, 어여쁜 여인의 모습 뒤에 나왔을 때는 남자가 욕정에 가득 차lustful 보인다고 남자의 다양한 표정 연기를 극찬했습니다.

쿨레쇼프는 이 실험을 통해 장면은 똑같을지라도, 어떤 장면과 배열되고 조합되는지에 따라 관객에게 주는 의미가 달라지는 현상을 발견한 것입니다. 이를 쿨레쇼프 효과 (Kuleshov effect)라고 합니다. 바로 이 실험으로 몽타주 (montage: 따로따로 촬영한 화면을 엮어내 하나의 통일된 작품으로 만드는 것) 기법이 영화 편집의 기본 장치라는 것이 드러났습니다.

왼쪽 그림을 보기 바랍니다. 사진에 매겨진 순서대로 영화 속 장면이 배열되었다고 가정합시다. [2], [4], [6]번은 똑같은 장면이지요. 쿨레쇼프 효과에 의하면 [2]번의 남자는 속으로 입맛을 다시고 있으며, [4]번의 남자는 노래를 즐겁게 감상하고 있고, [6]번의 남자는 묘지 앞에서 조금 씁쓸한 미소를 짓고 있는 듯이 보일 것입니다.

영화 편집의 힘, 이제 아시겠나요?

##  Pop Quiz!

따로따로 촬영한 것을 적절히 배치하여 하나의 작품으로 엮어내는 기법을 무엇이라고 할까요?

(A) Montage
(B) Montague

정답: (A)

# Part ②

## Listen and Respond

# Part 2  Listen and Respond

## Part 2 시험 구성

| 유형 | | 세부 유형 | 문항수 |
|---|---|---|---|
| 1 | 정보 전달 (Relaying Information) | 객관적인 사실에 대해 말하기<br>문제점에 대해 말하기 | 1~2문항 |
| 2 | 의견 전달 (Expressing Opinions) | 의견 말하기<br>격려 또는 칭찬 하기<br>추측하기 | 1~2문항 |
| 3 | 감정 전달 (Expressing Emotions) | 기쁨 표현하기<br>걱정 표현하기<br>후회 표현하기<br>불평, 불만 표현하기 | 1~2문항 |
| 4 | 문제 제기 (Expressing Problems) | 직접 문제점을 표현하는 경우<br>질문이나 대화 속에서 문제점이<br>간접적으로 표현되는 경우 | 1~2문항 |
| 5 | 제안 / 요청 / 부탁 / 명령 / 요구<br>(Suggestions / Requests /<br>Commands) | 제안하기<br>구체적 정보 요청<br>허락 요청<br>부탁하기<br>요구하기 | 1~2문항 |
| | 총 5개 유형 | | 총 10문항 |

① 7-16번까지 총 10문항으로 구성된다.

② 한 문장을 듣고 4개의 선택지 중에서 다음에 이어질 가장 알맞은 응답을 고르는 문항이다.

③ 본문은 두 번씩, 선택지는 한 번씩 들려주며, 질문과 선택지는 문제지에 인쇄되어 나온다.

# 토셀쌤의 친절한 Part 2 조언

**1 의사소통의 원리 깨닫기**

Part 2는 상대방의 말을 듣고 답하는 의사소통 능력을 측정하는 파트입니다. 짧은 한 문장을 듣고 재빠르게 상황을 판단한 뒤 알맞은 응답을 찾아내야 하는 다소 부담스러운 파트이지요. 실생활에서 상대방이 말을 건네면 그에 대답하는 방법은 실로 무궁무진합니다. 다음의 예를 볼까요?

ex    A: What's the weather like today? (오늘 날씨가 어때?)

     (1) It will be raining all day. (종일 비가 내릴 거야.)
     (2) You're going to need an umbrella. (우산이 필요할 거야.)
     (3) I didn't check the weather report. (일기 예보를 보지 않았어.)
     (4) Why don't you go check and tell me? (네가 확인하고 나한테 말해주는 건 어때?)

오늘 날씨가 어떤지 질문하는 말에 (1)은 '비가 내린다'는 정보를 직접 말해주고 있고, (2)와 (3)에서는 각각 '비가 내린다'와 '잘 모른다'는 정보를 간접적으로 돌려 말하고 있습니다. 도리어 (4)에서는 자신은 모르니 질문한 사람에게 날씨를 확인해서 알려줄 수 있는지 되려 묻기도 하네요.

똑같은 말에 대한 답변이라도 내용과 형태는 이처럼 다양할 수 있기 때문에 잘 나오는 유형만을 학습하거나 전략적 기술에 치중하는 것은 좋은 방법이 아닙니다. 따라서 평소 많은 영어 표현을 익혀서 문장의 의미를 정확히 파악하는 능력과, 그 문장이 어떤 문맥에서 어떻게 쓰였는지 생각하며 선택지와의 연결 고리를 파악하는 능력을 쌓는 것이 중요합니다. 우리 교재에서는 Part 2를 의사소통 기능에 따라 크게 다섯 가지 유형으로 나눠 소개하고 있으니, 차근차근 문항을 풀어보면서 의사소통 원리에 대한 감각을 익히기 바랍니다.

**2 오답 선택지 분석하기**

오답 선택지를 살펴보는 것이 학습에 큰 도움이 된다고 했었죠? Part 2에서 오답 선택지를 분석할 때 주목해야 할 부분을 몇 가지 짚고 넘어가겠습니다.

**1) 연상어구와 혼동발음을 이용한 오답**

발음이 비슷한 단어들이나 연상어구를 사용해 혼동을 유도하는 오답을 의도적으로 출제하므로, 이 점에 유념하며 문항을 풀기 바랍니다. 다음의 예를 봅시다.

ex    A: Soup or salad? / (오답) Super-size, please.
     'Soup or'와 'Super'의 비슷한 발음을 이용한 오답입니다.

ex    A: I watched the soccer match. / (오답) The city has two soccer stadiums.
     'soccer match'와 'soccer stadium'의 연관성을 이용한 오답입니다.

**2) 대명사와 수일치, 시제 등에 주의하기**

두 사람의 대화가 자연스럽게 이어지려면 지칭하는 대상(대명사 등), 사건이 일어난 시점(시제 등)이 서로 알맞게 연결되는지도 확인해야 합니다. 좀 더 구체적인 예를 들어 설명하겠습니다.

ex    A: What does your sister do? / (오답) He's a zoologist.
     얼핏 보면 맞는 듯하지만, 대명사 'he'가 잘못돼 오답입니다.

ex    A: Did you have fun at the festival? / (오답) Yes, it will be amazing.
     시제 불일치에 의한 오답입니다. 축제는 이미 끝난 것인데 미래형으로 답하는 건 논리에 맞지 않는 대답입니다.

ex    A: I was surprised to see you sing like that. / (오답) Mr. Mendes taught you well.
     1인칭 및 2인칭 대명사는 특별히 주의가 필요합니다. 대화 속에서 두 사람을 직접 지칭하는 인칭이기 때문입니다. 오답 예문에서 'you'를 'me'로 바꾸면 알맞은 답이 됩니다.

ex    A: She said the test will be a bit challenging. / (오답) Really? It was rather easy for me.
     시제 불일치에 의한 오답입니다. 시험은 아직 일어나지 않은 사건인데, 과거형으로 답하는 건 논리에 맞지 않는 대답입니다.

# 1. Relaying Information

특정 인물이나 사물 등에 대해 개인적인 감정이나 의견보다는 **객관적인 사실이나 정보를 전달**하는 부분이 나옵니다. 이 유형에서는 ① 화자가 쇼핑, 휴가, 교통, 공공 시설물 등의 다양한 주제를 바탕으로 **객관적인 사실이나 정보를 전달**하거나, ② 기기나 시설, 장소 이용 등의 다양한 상황에서 발생할 수 있는 **문제점에 대해 설명**할 수 있습니다.

---

## STEP 1 ≫ Example

Part 2는 선택지가 문제지에 인쇄되어 나오고, 선택지를 두 번씩 들려줍니다. Part 2 문항에 접근하는 방식은 크게 두 가지가 있습니다. 선택지를 미리 훑어보며 핵심어를 재빨리 파악한 다음 문제를 푸는 방식이 있고, 문장을 듣고 난 뒤 선택지를 차례차례 보면서 확실한 오답과 정답을 차근차근 가려내는 방식이 있습니다. 어느 방식을 사용하든 중요한 점은 들려주는 문장을 정확히 이해한 뒤 문장과 선택지 간의 관계를 확실히 연결 지을 수 있어야 한다는 것입니다.

그렇다면 Part 2 첫 문장을 들어봅시다.

| | |
|---|---|
| W: I have never seen this movie before. Have you? | 여: 나 이 영화 한 번도 본 적 없어. 너는 본 적 있어? |
| M: ＿＿＿＿＿＿＿＿＿＿＿＿＿ | 남: ＿＿＿＿＿＿＿＿＿＿＿＿＿ |

| Q. What is the best response? | Q. 가장 적절한 답은 무엇인가? |
|---|---|
| (A) Yes, try it before it ends. | (A) 그래, 끝나기 전에 시도해봐. |
| (B) No, I can't see it from here. | (B) 아니, 여기서는 그게 안 보여. |
| (C) Yes, it seems like a long shot. | (C) 맞아, 승산이 없어 보이네. |
| (D) No, it just came out this week. | (D) 아니, 그거 이번 주에 막 나왔어. |

### 토셀쌤의 시범 풀이

자신이 어떤 영화를 전혀 본 적이 없다고 정보를 알려주고 있습니다. 그런 다음 남자에게 그 영화를 본 적이 있는지 묻고 있으니 남자의 대답도 그와 관련 있어야 합니다. 따라서 (D)가 답이 되겠습니다.

'No'라고 말했다면, 남자도 영화를 본 적이 없다는 뜻이겠죠? 그 뒤에 'it just came out this week'이라 덧붙인 것은 영화가 이번 주에 막 개봉을 했기에 남자가 아직 영화를 보지 못했다는 이유를 설명하는 말입니다. 'No'라고 대답했다고 뒤에 무조건 'I haven't watched it before.'라는 말로 이어져야 한다는 법은 없습니다.

한편, 여자의 말에서 'Have you?'는 'Have you [watched this movie before]?'로 이해하면 되며, 또한 (D)에서 대명사 'it'이 여자의 말에서 'this movie'를 지칭한다는 점도 유의하기 바랍니다. 그럼 오답 선택지를 살펴봅시다.

(B): 'No'라고 대답했으니 영화를 본 적이 없다는 점과 관련 있어야 하는데, 지금 여기서 영화가 안 보인다고 말하는 건 상황과 어울리지 않습니다. 'watch'와 'see'의 유의성을 이용한 오답입니다.

(C): 갑자기 승산이 없어 보인다니, 문맥과 어울리지 않은 오답입니다. 'a long shot'이란 관용 표현을 몰랐다면 어려웠던 선택지였습니다. 'movie'와 'shot'은 서로 어느 정도 연관이 있어서 헷갈릴 수 있었습니다. 모르는 표현이 나올 때마다 정리하여 외워두기 바랍니다.

**[어휘]** a long shot 거의 승산 없는 것

정답: (D)

**38    TOSEL 유형분석집 Section I.**

## STEP 2 ≫ Pattern Practice

**1.** What is the best response?

    (A) I'll check them in a minute.
    (B) The file cabinet is brand new.
    (C) Getting some rest is a good call.
    (D) I've got some paper on my desk.

M: I sent you the necessary files just now.
W: _____

남: 필요하신 파일 방금 막 보내드렸어요.
여: _____

1. 가장 적절한 답은 무엇인가?

    (A) 금방 확인하도록 하죠.
    (B) 그 서류함은 완전히 새것이에요.
    (C) 좀 쉬는 것도 좋은 결정이죠.
    (D) 제 책상 위에 서류가 좀 있어요.

[풀이] 파일을 방금 막 보냈다는 정보를 평서문의 형태로 전하고 있습니다. 이에 대해 여자는 그 파일을 지금 확인해본다고 자연스럽게 말할 수 있습니다. 따라서 (A)가 정답입니다. 남자의 'the necessary files'을 (A)에서 'them'으로 지칭했다는 것에 유의하기 바랍니다. (B)의 경우, 본문에 나온 'file'을 말했으나 남자의 말은 'file cabinet'과는 전혀 무관하므로 오답입니다. (D)의 경우, 'file'과 연관이 있는 'paper', 'desk' 같은 사무용품을 등장시켜 혼동을 유도한 오답입니다.

[어휘] necessary 필요한 | cabinet 캐비닛, 보관장 | brand new 완전 새것인, 최신의 | a good call 좋은 결정, 잘한 일     정답: (A)

**2.** What is the best response?

    (A) Thank you for calling.
    (B) I got this phone on sale.
    (C) Tell them I'll call back later.
    (D) You'll have better luck calling now.

W: What if they call and ask for you directly?
M: _____

여: 그 사람들이 전화해서 직접 당신을 찾으면 어쩌죠?
남: _____

2. 가장 적절한 답은 무엇인가?

    (A) 전화해주셔서 감사합니다.
    (B) 이 휴대폰 할인할 때 샀어요.
    (C) 나중에 다시 연락한다고 전하세요.
    (D) 지금 전화하는 게 나을 거에요.

[풀이] 여자가 어떤 사람들이('they') 전화해서 남자('you')를 찾으면 어떡해야 하는지 묻고 있습니다. 이에 자신('I')이 나중에 그 사람들('them')에게 연락하겠다고 전하라는 (C)가 정답입니다. 여자의 말의 'they'와 'you', (C)의 'them'과 'I'가 각각 상응한다는 점을 짚고 넘어가기 바랍니다. (A)의 경우, 본문에 등장한 'call'을 이용한 오답입니다. (B)의 경우, 'call'과 'phone'의 연관성을 이용한 오답입니다. (D)의 경우, 'call'을 이용한 오답이며, 본문의 'you'(남자)와 (D)의 'you'(여자)가 각각 누구를 지칭하는지에 유의합니다.

[어휘] what if ~? ~면 어쩌지, 어떻게 할까? | directly 곧장, 똑바로 | on sale 할인 중인; 판매되는     정답: (C)

1.　What is the best response?

(A) I also like to write stories.
(B) Science class is my favorite.
(C) Use a textbook if you're not sure.
(D) That's a good way to get better grades.


2.　What is the best response?

(A) I almost failed the exam.
(B) I'll still study as much as I can.
(C) I turned in my book report late.
(D) The teacher finished grading them.


3.　What is the best response?

(A) I'll have ham on white bread.
(B) It'll last longer in the freezer.
(C) Great, I was saving it for you.
(D) The repair guy will be here soon.


4.　What is the best response?

(A) Yes, war movies are my favorite.
(B) No, I don't watch a lot of television.
(C) No, the novel I am writing is fantasy.
(D) Yes, but I prefer something more realistic.

# Liar Paradox

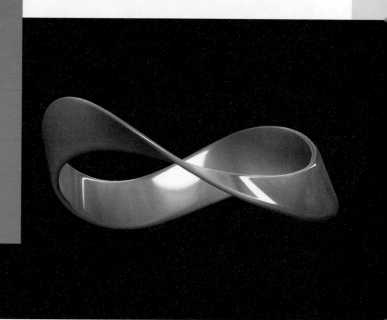

한 나그네가 깊은 숲속을 거닐다 그만 숲속의 혼돈 요정을 만났습니다. 혼돈 요정은 지나가는 사람에게 이상한 질문을 던지는데, 틀린 대답을 하면 가진 재산을 모두 빼앗아 가고 올바른 대답을 하면 소원을 하나 들어주었습니다. 혼돈 요정은 모험가에게 다음과 같은 질문을 건넸습니다.

 진실인듯하지만 진실이 아니고, 거짓인듯하지만 거짓도 아닌 문장을 하나만 말해라!

이 말을 들은 나그네는 혼돈에 빠졌습니다. 진실이면서도 진실은 아니고 거짓이면서도 거짓은 아닌 문장이라니, 그런 문장은 당최 이 세상에 존재하지 않는 듯했습니다. 그 순간 나그네는 어렸을 때 어머니가 들려준 거짓말쟁이의 역설(liar paradox) 이야기가 떠올랐습니다. 그는 자신감에 빠져 다음과 같이 소리쳤습니다.

 What I'm saying now is a lie!
(지금 내가 하는 말은 거짓말이다!)

이 말을 들은 혼돈 요정은 웃는 듯 웃지 않는 듯 미소를 띠며 나그네의 소원을 들어주고 유유히 자리를 떠났습니다.

겉으로 보기엔 아무 문제가 없어 보이지만 결국엔 자기모순을 일으키거나 논리적으로 오류가 있는 문장을 역설 (paradox)이라고 합니다. 나그네가 한 말은 전형적인 거짓말쟁이의 역설 (liar paradox)에 속하지요. 그렇다면 나그네의 저 말이 어떻게 진실 같으면서도 진실이 아니고, 거짓 같으면서도 거짓이 아니게 되는 걸까요?

우선 상식적으로 생각해보면 나그네가 한 말은 진실이거나 거짓 둘 중 하나여야 합니다. 그럼 각각의 경우를 차근차근 정리해볼까요?

- 만약에 나그네가 한 말이 진실이라면 그가 지금 하는 말은 거짓이어야 합니다. 앗, 나그네가 한 말이 진실이기도 거짓이기도 한 자기모순에 빠져 버렸습니다.

- 나그네의 말이 거짓이라도 똑같습니다. 만약에 나그네의 말이 거짓이라면 나그네는 지금 진실을 말하고 있는 것입니다. 또다시 문장이 거짓이면서 동시에 진실도 되는 논리적 오류에 봉착했습니다!

나그네의 말은 이렇게 진실이면서도 진실이 아니고, 거짓이면서도 거짓이 아닌 역설이었기 때문에 혼돈 요정의 질문을 통과할 수 있었습니다. 그런데 나그네가 혼돈 요정에게 말한 소원은 무엇이었을까요? 바로 노쇠한 어머니와 함께 살 튼튼한 집이었습니다.

## 🔆 Pop Quiz!

다음 중 무엇이 들어가야 해당 문장이 역설이 될까요?

I know that I know _____.

(A) nothing
(B) anything

정답: (A)

# 2. Expressing Opinions

특정 인물이나 사물 등에 대해 **자신의 의견**을 말하는 부분이 나옵니다. 이 유형에서는 화자가 ① 스마트폰, 수업 등 다양한 주제에 대해 자신의 **개인적인 의견**을 말하거나, ② 상대방을 **격려하거나 칭찬**할 수 있고, ③ 어떤 일에 대해 자신의 **추측이나 견해**를 밝힐 수 있습니다.

---

## STEP 1 ≫ Example

🎧 Track 2-2-01

M: Should we go say "hi" to our new neighbors?

W: _____

Q. What is the best response?

(A) It's always hard to say "goodbye".
(B) They might appreciate it if you did.
(C) I can't believe they're already leaving.
(D) We've lived on this street for over 10 years.

남: 우리 새 이웃들에게 인사하러 가야 하나?

여: _____

Q. 가장 적절한 답은 무엇인가?

(A) "잘 가"라고 말하는 건 언제나 어려워.
(B) 그렇게 한다면 고마워해들 주실 거야.
(C) 그 사람들 벌써 떠난다니 안 믿겨.
(D) 우리는 이 거리에서 10년 넘게 살아왔어.

### 토셀쌤의 시범 풀이

남자가 새 이웃들에게 인사를 하러 가는 게 좋을지 의견을 묻고 있습니다. 그러면 여자가 좋다, 안 좋다 등 자신의 의견을 말할 수 있겠죠? 이러한 여자의 의견이 드러나는 선택지는 바로 (B)입니다. 남자 ('you')가 그렇게 한다면 새 이웃들 ('they')이 좋아해 줄 거라는 말은 곧 '새 이웃들에게 인사를 하러 가는 건 좋은 생각이다.'라는 자신의 의견을 돌려 말한 것이라고 할 수 있습니다.

(B)의 'if you did'는 가정법 과거형으로, 여기서 'do'가 'go say "hi" to our new neighbors'를 지칭한다는 것으로 이해하면 됩니다. 또한 남자의 말의 'our new neighbors'를 (B)에서 'they'로 지칭한 부분도 유념하기 바랍니다.

오답 선택지를 확인하고 마무리합시다.

(A): 새 이웃에게 처음 소개 인사를 하러 가는 상황인데 되려 작별인사는 언제나 어렵다고 하는 것은 문맥에 어긋나는 오답입니다.

(C): 두 사람에게 새 이웃이 생긴 상황인데, 그들이 벌써 떠난다고 ('they're already leaving') 말하는 건 문맥에 맞지 않아 보입니다. 또한 남자의 말에 대한 여자의 의견도 나타내지 못하는 오답입니다.

(D): 새 이웃과의 인사에 관한 대화인데, 자신들이 10년 넘게 살았다고 말하는 건 문맥과 맞지 않은 오답입니다.

[어휘] appreciate 고마워하다; 환영하다

정답: (B)

## STEP 2 >> Pattern Practice

🎧 Track 2-2-02

**1.** What is the best response?

(A) Try the smaller key next.

(B) You are always so forgetful.

(C) That's an adorable keychain.

(D) That was very thoughtful of you.

---

W: I seem to have lost my keys…

M: _____

여: 나 열쇠를 잃어버린 것 같아…

남: _____

1. 가장 적절한 답은 무엇인가?

(A) 다음엔 작은 열쇠로 해 봐.

(B) 너는 항상 건망증이 심해.

(C) 그것참 앙증맞은 열쇠고리네.

(D) 너 정말 사려심이 깊구나.

---

[풀이] 여자가 자기의 열쇠를 잃어버렸나('have lost my keys') 봅니다. 자기의 물건을 잃어버린 사람에게 '건망증이 심해.'라고 말할 수 있으므로 (B)가 정답입니다. (A)의 경우, 여자가 열쇠를 잃어버린 상황이므로 'try'할 열쇠도 없으니 문맥과 맞지 않은 오답입니다. (C)의 경우, 'key'와 'keychain'의 연관성을 이용한 오답입니다. (D)의 경우, 물건을 잃어버린 여자에게 사려심이 깊다고 말하는 것은 맥락에 어울리지 않은 오답입니다.

[어휘] forgetful 잘 잊어버리는, 건망증이 있는 | adorable 사랑스러운 | keychain 열쇠고리 | thoughtful 사려 깊은, 생각에 잠긴　　　정답: (B)

🎧 Track 2-2-03

**2.** What is the best response?

(A) That'll really open the room up.

(B) There's that shop around the corner.

(C) There's a change of clothes in the closet.

(D) I was starting to get used to this neighborhood.

---

M: Should we move the dresser over to the corner?

W: _____

남: 우리 서랍장을 구석으로 옮길까?

여: _____

2. 가장 적절한 답은 무엇인가?

(A) 그러면 방이 정말 탁 트일 거야.

(B) 모퉁이를 돌면 그 가게가 있어.

(C) 벽장에 갈아입을 옷가지가 있어.

(D) 나 이 동네에 적응하기 시작했었는데.

---

[풀이] 서랍장을 구석으로 옮기는 게 좋은지 의견을 묻고 있으므로 여자의 의견을 알 수 있는 선택지를 골라야 합니다. 그런 선택지는 바로 (A)입니다. 그렇게('that') 하면 방이 탁 트일 거라는 건 '서랍장을 구석으로 옮기는 건 좋은 생각이다.'라는 자신의 의견과 더불어 그 이유를 말한 것이라고 볼 수 있으니 (A)가 정답입니다. (B)의 경우, 본문에 등장한 'the corner'를 이용한 오답입니다. 'dresser'를 '옷을 입는 사람'이라고 받아들였다면 'shop'과 연관 지어 혼동할 수도 있는 선택지였습니다. (C)의 경우, 본문에 나온 'dresser'와 연관 있는 'clothes', 'closet'을 사용하여 혼동을 유도한 오답입니다. (D)의 경우, 'move'를 '이사하다'라는 뜻으로 받아들였다면 혼동할 수도 있는 오답입니다.

[어휘] dresser 서랍장, 드레서(옷을 보관하는 데 사용되는 서랍이 달린 침실용 가구); [형용사와 함께 쓰며] …하게 옷을 입는 사람　　　정답: (A)

1.    What is the best response?

   (A)  Yes, just a dollar fifty.
   (B)  Thank you, that would be lovely.
   (C)  That can't be good for your health.
   (D)  Her French lessons are my personal favorite.


2.    What is the best response?

   (A)  I have a New Year's resolution.
   (B)  You've always been close-minded.
   (C)  You're joining an important cause.
   (D)  Getting started is the hardest part.


3.    What is the best response?

   (A)  I'm glad to hear you had no issues.
   (B)  The pop quiz was totally unexpected.
   (C)  That is the main driving factor for them.
   (D)  I like going for a drive every once in a while.


4.    What is the best response?

   (A)  Sweet! Thanks for the heads up.
   (B)  Oh, I'm sorry to hear that they left.
   (C)  Wow! I didn't know that you could cook.
   (D)  Well, you're comparing apples and oranges.

# 3. Expressing Emotions

감정 전달

다양한 주제에 대해 **개인적인 감정이나 기분**을 **전달**하는 부분이 나옵니다. 이 유형에서는 화자가 어떤 문제 상황에 대한 **걱정**, 좋은 소식에 대한 **기쁨**, 받은 선물이나 도움에 대한 **감사**, 어떤 상황에 대한 **후회** 또는 **불평, 불만** 등의 감정을 표현할 수 있습니다.

---

## STEP 1 》 Example

🎧 Track 2-3-01

W: I was really mad when you ignored me in the cafeteria yesterday.

M: _____

여: 어제 네가 카페에서 날 못 본 척 했을 때 정말 화났어.

남: _____

Q.   What is the best response?

   (A)  I already promised you.
   (B)  I'm glad you understand.
   (C)  I'll tell you how to get back.
   (D)  I didn't know you were there.

Q.   가장 적절한 답은 무엇인가?

   (A)  이미 너랑 약속했잖아.
   (B)  이해해줘서 고마워.
   (C)  거기 어떻게 돌아가는지 말해 줄게.
   (D)  네가 거기 있는지 몰랐어.

### 토셀쌤의 시범 풀이

어제 남자 ('you')가 여자를 못 본 척해서 여자가 화난 감정을 표현하고 있습니다. 이에 대해 남자가 여자를 보고도 못 본 척 한 게 아니라 여자가 있었는지도 몰랐다고 변론할 수 있으니 (D)가 정답입니다.

(A): 남자가 여자를 못 본 척하기로 약속했다는 건 너무 엉뚱한 상황이므로 오답입니다.

(B): 여자가 화난 감정을 표현하고 있는데 자기를 이해해줘서 고맙다니, 앞뒤가 맞지 않아 오답입니다.

정답: (D)

🎧 Track 2-3-02

**1.** What is the best response?

(A) You kept distracting me.
(B) I don't know when exactly.
(C) I kept focused until I was through.
(D) You might make mistakes if you go quickly.

---

M: How did you finish your homework so quickly?

W: _____

남: 너 어떻게 그렇게 빨리 숙제를 다 했어?

여: _____

1. 가장 적절한 답은 무엇인가?

(A) 네가 자꾸 방해했잖아.
(B) 정확히 언제인지는 몰라.
(C) 다 할 때까지 계속 집중했어.
(D) 빨리 가면 실수할 수도 있어.

**[풀이]** 어떻게 숙제를 그렇게 빨리 끝냈는지 놀라워하며 묻고 있습니다. 이에 대해 숙제를 다 끝낼 때까지 집중했다며 숙제를 빨리 끝낼 수 있었던 이유를 알려줄 수 있으므로 (C)가 정답입니다. (A)의 경우, 방해받았다면 오히려 집중을 못 해서 숙제를 더 늦게 끝낼 가능성이 높으므로 오답입니다. (B)의 경우, 얼핏 보면 자기도 모른다고 대답할 수 있으니 정답 같지만, 남자의 말은 'when' (언제)과는 무관한 질문이므로 오답입니다. Part 2에서 모든 단어를 꼼꼼히 보아야 하는 이유를 잘 보여주는 선택지였습니다.

**[어휘]** distract 집중이 안 되게 하다, (주의를) 딴 데로 돌리다 | through 끝낸, 다 한; ~을 통해                    정답: (C)

---

🎧 Track 2-3-03

**2.** What is the best response?

(A) Yes, everyone is very sleepy.
(B) You're not very responsible.
(C) But it wasn't me who broke it.
(D) But I'm done with everything.

---

W: You shouldn't take a break while other people are working, Jesse.

M: _____

여: 다른 사람이 일하고 있는데 쉬고 있으면 안 돼, Jesse.

남: _____

2. 가장 적절한 답은 무엇인가?

(A) 맞아, 다들 정말 졸려 보여.
(B) 너 책임감이 별로 크지는 않구나.
(C) 근데 그걸 부순 건 내가 아니야.
(D) 그렇지만 내 일을 다 했는걸.

**[풀이]** 다른 사람이 일하고 있는 동안 쉬지 말라는 충고를 하고 있습니다. 이에 대해 남자는 자기 할 일을 다 했다며 자기가 쉬고 있는 이유를 설명할 수 있으므로 (D)가 정답입니다. (A)의 경우, 'other people'과 'everyone'이 자연스럽게 연결되는 듯하여 혼동을 주도록 한 오답입니다. (C)의 경우, 본문에 등장한 'take a break'의 'break'을 이용한 오답입니다. (B)의 경우, 오히려 여자가 남자에게 덧붙일 수 있는 말로서 오답입니다. Part 2는 대화를 들을 때 누가 누구에게 말하고 있는지에도 집중하기 바랍니다.

**[어휘]** take a break 잠시 휴식을 취하다 | responsible 책임지고 있는, 책임이 있는                    정답: (D)

---

🎧 Track 2-3-04   🎧 Track 2-3-05   🎧 Track 2-3-06   🎧 Track 2-3-07

1.    What is the best response?

(A)  It was nothing.
(B)  I appreciate it a lot.
(C)  I think that'll help.
(D)  Think harder next time.

2.    What is the best response?

(A)  I slipped on the wet floor.
(B)  I was about to go to sleep.
(C)  Yesterday was very relaxing.
(D)  Just five more minutes please.

3.    What is the best response?

(A)  Sorry to disappoint you.
(B)  I'll try to do it next time.
(C)  I'm scared to tell my teacher.
(D)  Thanks for helping me prepare.

4.    What is the best response?

(A)  You have no wishes left.
(B)  You're too old for school.
(C)  You should write that down.
(D)  You need to learn to concentrate.

# 4. Expressing Problems

지각을 할 것 같다거나 비행기가 지연되는 등 다양한 상황에서 발생하는 **문제를 제기**하는 부분이 나옵니다. **직접적으로 문제점을 언급**하거나, **화자의 질문이나 대답 속에서 문제점**이 드러나기도 합니다.

## STEP 1 》 Example

🎧 Track 2-4-01

M: I can't find the restroom and I really need it!

W: _____

남: 화장실 못 찾겠어, 근데 난 정말 가야된다고!

여: _____

Q. What is the best response?

(A) I left it in the closet.

(B) I haven't rested in years.

(C) Class will be held next door.

(D) It's down the hall on the right.

Q. 가장 적절한 답은 무엇인가?

(A) 그것을 옷장에 두었어.

(B) 몇 년 동안 쉰 적이 없어.

(C) 수업은 옆방에서 진행될 거야.

(D) 복도를 따라 쭉 가다보면 오른쪽에 있어.

### 토셀쌤의 시범 풀이

화장실에 가야 하는데 화장실을 못 찾겠다고 문제 상황을 호소하고 있습니다. 화장실의 위치를 찾지 못해서 곤란해하는 사람에게 화장실의 위치를 알려줄 수 있겠죠? 따라서 (D)가 정답입니다.

오답 선택지를 보며 마무리합시다.

(B): 본문의 'restroom'의 'rest'를 이용한 오답입니다.

(C): 화장실의 위치를 찾지 못하는 것과 수업이 열리는 장소는 관련 없으므로 오답입니다.

**[어휘]** rest 쉬다

정답: (D)

**STEP 2** >> **Pattern Practice**

🎧 Track 2-4-02

PART 2

Listen and Respond

**1.** What is the best response?

   (A) I'm not very hungry.
   (B) I would never do that.
   (C) I'm not a fan of take-out.
   (D) I don't have time for lunch.

W: Did you take my lunch money?

M: _____

여: 내 점심값 가져갔어?

남: _____

1. 가장 적절한 답은 무엇인가?

   (A) 별로 배고프지 않아.
   (B) 그런 짓은 절대 안 해.
   (C) 포장을 좋아하진 않아.
   (D) 나 점심 먹을 시간이 없어.

[풀이] 자신의 점심값을 가져갔는지 묻는 말에 그런 일 ('that')은 절대 안 한다고 반박하는 (B)가 정답입니다. 여기서 'do 'that'은 'take [the woman's] lunch money'를 가리킨다는 것에 유의하기 바랍니다.

[어휘] a fan of ~을 좋아하다, ~의 팬이다 | take-out (요리나 음식을) 포장해서 가는 것, 테이크 아웃           정답: (B)

🎧 Track 2-4-03

**2.** What is the best response?

   (A) Buy the cheaper ones.
   (B) Your new socks look great.
   (C) Those socks look fine to me.
   (D) Check the washing machine.

M: I can't find my other sock.

W: _____

남: 내 양말 한 짝을 못 찾겠어.

여: _____

2. 가장 적절한 답은 무엇인가?

   (A) 더 저렴한 걸 사.
   (B) 네 새로운 양말 멋지다.
   (C) 그 양말 내 눈엔 괜찮아 보이는데.
   (D) 세탁기 확인해 봐.

[풀이] 양말 한 짝을 못 찾겠다고 문제 상황을 전달하고 있습니다. 물건을 찾지 못하고 있는 남자에게 세탁기를 확인해보라며 해결 방안을 제시할 수 있으니 (D)가 정답입니다. (A)의 경우, 더 저렴한 양말을 사는 건 양말을 찾지 못하고 있는 문제 상황에 어울리지 않는 해결방안으로 오답입니다. (B)와 (C)의 경우, 양말 한 짝 ('other sock')을 잃어버린 상황에서 양말 ('socks')이 멋지다고 하는 건 상황에 어울리지 않으므로 오답입니다.           정답: (D)

🎧 Track 2-4-04  🎧 Track 2-4-05  🎧 Track 2-4-06  🎧 Track 2-4-07

1.  What is the best response?

    (A)  What movies are playing?
    (B)  Can we change our ticket time?
    (C)  Will we get there before it starts?
    (D)  Do you want to see a movie tonight?

2.  What is the best response?

    (A)  You lost all of your teeth.
    (B)  That's the reason you slept in today.
    (C)  So that's why your breath smells bad.
    (D)  I always blush when I'm embarrassed.

3.  What is the best response?

    (A)  I haven't seen the tape.
    (B)  I think they're on vacation.
    (C)  There's nowhere I haven't been.
    (D)  He went shopping with his mother.

4.  What is the best response?

    (A)  Do you know the time?
    (B)  Would you like some help?
    (C)  Are you going to finish on time?
    (D)  When will you get the assignment?

# It's not rocket science.

Medea는 커피를 무척이나 좋아합니다. 그런데 마침 시 교육원에서 시민을 위한 커피 만들기 강좌가 열린다고 합니다. 그동안 커피를 마시기만 했지 직접 만들어본 적은 없어서 Medea는 호기심에 강좌를 들어보고 싶어졌습니다. 그런데 강좌 설명을 보니 '에스프레소 추출, 더치 추출, 우유스티밍...' 어려운 외래어가 잔뜩입니다. 강좌 사진에도 복잡해 보이는 커피 기계가 즐비해있습니다. 혹여나 어려워서 따라가지 못할까 Medea는 걱정이 앞섭니다. 그래서 강좌가 초보자에게 따라가기 어려운지 이전에 커피 강좌를 들어본 Jason에게 물어봅니다. 그러자 Jason이 답합니다.

*"아니야. 취미반이라서 차근차근 하면 그렇게 어렵지 않아."*

그런데 여기서 "그렇게 어렵지 않아."를 영어로 어떻게 말할 수 있을까요? 가장 단순하게는 "It's not that hard."라고 말할 수 있습니다. 그런데 이 문장은 다소 무미건조해서 걱정하고 있는 Medea를 안심시키기 어려워 보입니다. 좀 더 설득력 있고 생동감 있는 표현이 필요합니다. 이런 표현 중에는 바로 "It's not rocket science."가 있겠습니다.

로켓 과학은 1940년대 미국에서 최초로 발달하기 시작했습니다. 당시 로켓 제작 기술을 도운 과학자들은 제2차 세계 대전 때 포로로 잡혀 들어온 독일 군사 과학자들이었고, 이들은 성공적으로 로켓 과학의 개발을 이끌었습니다. 이때부터 로켓 과학은 '독일 과학자들의 똑똑한 이미지'와 겹쳐지면서 '고도의 지능이 요구되는 것'이라는 인식이 강하게 박히기 시작했습니다. 나아가 80년대에 들어 "그렇게 어려운 게 아니다"를 의미하기 위해 "It's not rocket science."라는 말이 본격적으로 쓰이기 시작했습니다.

'It's not rocket science.'라는 말을 Medea가 들었다면, 커피 만드는 것이 첨단 과학이 집약된 로켓 과학보다는 쉬울 것이라 생각할테니 어느 정도 걱정이 줄어들었겠죠? 이와 비슷한 표현으로는 'It's not brain surgery.'라는 표현이 있습니다.

## 💡 Pop Quiz!

빈칸에 들어갈 가장 알맞은 말을 고르세요.

You don't have to be a _____ scientist to understand how to solve this puzzle.

(A) food
(B) rocket
(C) computer

정답: (B)

# 5. Suggestions / Requests / Commands

상대방에게 무엇을 하자고 **제안**하거나 무엇을 해달라고 **요청, 부탁, 명령, 요구**하는 부분이 나옵니다. 이에 대해 **수긍**하거나 **거절**하는 대답을 할 수도 있고, 다른 **대안을 제시**할 수도 있습니다.

| 자주 나오는 표현 | |
|---|---|
| 제안할 때 | Let's ~!<br>How about ~?<br>Why don't you~? |
| 허락 요청할 때 | Can I~?<br>May I~? |
| 부탁할 때 | Can[Could] you~?<br>Would you mind~? |
| 요구할 때 | You have to~.<br>Please do~. |

## STEP 1 ≫ Example

🎧 Track 2-5-01

W: Do you have a moment to cut my hair?

M: _____

여: 내 머리 잘라 줄 시간 있니?

남: _____

**Q.** What is the best response?

   (A) Let me see if I can later.

   (B) She cut her leg on that chair.

   (C) I was cut from the basketball team.

   (D) He didn't have enough time yesterday.

**Q.** 가장 적절한 답은 무엇인가?

   (A) 나중에 되는지 한 번 볼게.

   (B) 그녀는 저 의자에 다리를 베였어.

   (C) 나 농구팀에서 잘렸어.

   (D) 그는 어제 충분한 시간이 없었어.

### 토셀쌤의 시범 풀이

겉으로 보기에는 자기의 머리를 손질해줄 시간이 있는지 묻고 있습니다. 하지만 이는 단순히 시간이 있다, 없다를 알고 싶어서 물어본 게 아니라, 남자에게 시간을 내서 머리를 잘라줄 수 있는지 부탁하는 의미가 내포돼 있습니다. 그러기에 남자가 나중에 부탁을 들어줄 수 있는지 확인해 보겠다고 하는 (A)가 정답이 될 수 있는 것입니다. 한편, 'Let me see if I can later.'는 'Let me see if I can [cut your hair] later'라고 보면 되겠습니다.

오답 선택지를 확인하며 마무리합시다.

(B), (C): 본문에 등장한 'cut'을 이용한 오답입니다. 동사 'cut'의 활용 형태와 다양한 쓰임새를 짚고 넘어가기 바랍니다. 특히 'cut'의 과거형과 과거분사형이 모두 원형과 같음을 유의하기 바랍니다.

정답: (A)

## STEP 2 >> Pattern Practice

🎧 Track 2-5-02

**1.** What is the best response?

(A) I'm not feeling any better.
(B) Let's wait till this show ends.
(C) I think cleaning is really boring.
(D) You got it from the store earlier.

---

M: We'd better get some sleep now.
W: _____

남: 우리 이제 잠을 좀 자는 게 좋겠어.
여: _____

1. 가장 적절한 답은 무엇인가?

(A) 몸이 조금도 나아지지 않았어.
(B) 이 프로그램 끝날 때까지 기다리자.
(C) 청소하는 건 정말 지루한 거 같아.
(D) 아까 네가 가게에서 그걸 샀잖아.

---

[풀이] 지금 잠을 좀 자는 게 좋겠다는 말은 잠을 자러 가자고 제안하는 것과 같습니다. 이에 어떤 프로그램이 끝나고 잠을 자자고 남자의 제안을 부분적으로 수긍할 수 있습니다. 따라서 (B)가 정답입니다. 이 두 문장이 자연스럽게 연결된다는 사실을 파악했다는 건, 두 사람이 함께 잠잘 시간이 될 때까지 어떤 방송 프로그램 ('this show')을 시청하고 있는 상황을 파악했음을 의미합니다. (A)의 경우, 'get some sleep'과 'feeling better'의 연관성을 이용한 오답입니다. (D)의 경우, 본문에 등장한 'get'을 이용한 오답입니다.

[어휘] show (텔리비전 · 라디오 등의) 프로[프로그램]     정답: (B)

🎧 Track 2-5-03

**2.** What is the best response?

(A) You're so strict with me.
(B) You don't know which channel.
(C) You need to read more books.
(D) You're too easy going with him.

---

W: Turn off the TV or you're in trouble.
M: _____

여: TV 끄거라 아니면 혼난다.
남: _____

2. 가장 적절한 답은 무엇인가?

(A) 저한테 너무 엄격하시네요.
(B) 어느 채널인지 모르시잖아요.
(C) 독서를 더 하실 필요가 있어요.
(D) 그에게 너무 오냐오냐하세요.

---

[풀이] TV를 끄지 않으면 혼날 거라고 단호하게 명령하고 있습니다. 여자의 단호한 경고를 듣고 자신에게 너무 엄격하다고 서운한 감정 등을 표출할 수 있겠죠? 따라서 (A)가 정답입니다.

(B)의 경우, 'TV'와 'channel'의 연관성을 이용한 오답입니다. (D)의 경우, TV를 끄라고 명령하는 것과 너무 오냐오냐한다는 말은 모두 '훈육' 상황과 관련 있는 말이지만 둘은 내용상 관련이 없으므로 오답입니다.

[어휘] be in trouble 곤경에 처하다 | easy going 느긋한, 태평스러운     정답: (A)

🎧 Track 2-5-04    🎧 Track 2-5-05    🎧 Track 2-5-06    🎧 Track 2-5-07

1.  What is the best response?

    (A) That is such an old story.
    (B) That'd make for a fun break.
    (C) I have school on Wednesday.
    (D) My grandma likes to bake cookies.

2.  What is the best response?

    (A) Where'd you put the trash?
    (B) Will you be inside all day tomorrow?
    (C) Didn't you already clean up the leaves?
    (D) Can we get take-out instead of cooking?

3.  What is the best response?

    (A) Play some music for me.
    (B) Listen to the birds outside.
    (C) Be quiet for just 30 minutes.
    (D) Go somewhere else to do it.

4.  What is the best response?

    (A) Do it later.
    (B) Take off a few.
    (C) Not a problem.
    (D) Mind the gap.

# Go the distance

## Photon's Travel

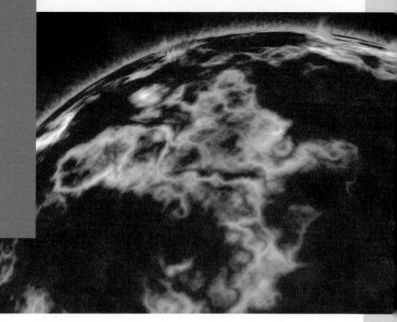

> 'Go the distance. (끝까지 가다.)'란 표현이 있습니다. 우리가 시험공부든, 운동 경기든 무언가에 도전할 때 처음부터 끝까지 중도에 포기하지 않고 이루어내는 것을 뜻하지요. 처음과 끝, 출발지와 목적지 사이를 거리 (distance)라고 지칭할 수 있으니 이 점을 염두에 두면 이 표현을 이해하기 더 쉽습니다.

그런데 이 표현을 몸소 보여주는 기나긴 여정이 있었으니, 바로 태양에서 생성된 광자 (photon)가 지구에 도달하기까지 겪는 인고의 여정입니다. 우리가 낮 시간에 너무나도 당연하게 여기는 태양 빛은 태양에서 생성된 광자들이 태양을 떠나 지구까지 도착해 우리 눈과 반응해 보이는 것입니다. 그런데 태양에서 만들어진 광자 하나가 지구로 오는 데는 얼만큼의 시간이 걸릴까요? 놀라지 마세요. 여러분을 찾아갔던 광자는 어쩌면 수십만 년, 아니 수백만 년을 여행한 광자일지도 모릅니다.

> *"에이, 빛의 속도는 초속 약 30만km이고 태양과 지구 사이의 거리는 평균 약 1억 5천만km이니 시간을 계산해보면... 태양에서 지구까지 고작 8분이면 올 수 있는 것 아니에요?"*

아주 날카롭고 현명한 질문입니다. 그런데 우리가 흔히 알고 있는 8분이란 시간은 광자가 태양 표면에서 출발했을 때의 이야기입니다. 우주는 진공상태이니 광자에 방해될 만한 물질이 없기 때문에 광자가 태양 표면에서 출발하면 8분이라는 어마어마하게 짧은 시간에 지구에 다다를 수 있습니다. 하지만 태양 중심부에서 생겨난 광자에게는 어림도 없는 시간입니다.

태양 중심부의 밀도는 물의 밀도의 150배로, 말 그대로 원자들이 빽빽이 찬 상태입니다. 파리 한 마리도 안 보이는 텅 빈 운동장과 사람으로 시끌벅적 북적이는 경기장 중에서 어디를 더 빨리 가로질러 갈 수 있을까요? 광자도

마찬가지입니다. 원자가 빽빽이 들어선 태양의 중심부에서 광자는 조금만 가도 원자에 부딪혀 버립니다. 원자에 부딪히면서 원자에 흡수되고, 다시 원자로부터 방출되면서 다른 곳으로 조금씩 이동하게 되는 것이죠. 여기서 광자가 가는 방향이 제멋대로라 하여 이를 무작위 걸음 (random walk)이라고 합니다. 원자에 흡수되고 방출되고, 또 다른 원자에 흡수되고 방출되고, 그러다 또 다른 원자에 흡수되고 방출되고, ... 이 인고의 무작위 걸음은 광자가 태양 중심부에서 빠져나갈 때까지 무려 수십만 년, 길게는 수백만 년이나 계속됩니다. 오랜 세월을 거쳐 태양 중심에서 빠져나온 광자는 대류층 (convection zone)에서 수십 일을 보내고, 쌀알 무늬 (granules) 및 초대형 쌀알 무늬 (supergranules) 입자를 타고 이틀 정도를 거쳐 마침내 태양 표면인 광구 (photosphere)에 도달합니다. 그다음 마지막 단계는 무엇일까요? 바로 지구로 8분 만에 훅 날아가는 것이겠지요. 우리가 살면서 당연시하는 햇빛에 어쩌면 수십만 년, 수백만 년을 여행한 광자가 있을 수도 있다니, 참 흥미롭지 않나요?

### 💡 Pop Quiz!

한 광자 (photon)가 태양 중심에서부터 여행을 시작해 지구에 도착했습니다. 광자는 처음 지구에 도착해 무엇이라 말할까요?

(A) That was super quick.
(B) It was a long journey.

정답: (B)

# Part ③

## Short Conversations

# Part 3

# Short Conversations

## Part 3 시험 구성

| 유형 | | 세부 유형 | 문항수 |
|---|---|---|---|
| 1 | 전체내용 파악하기 (Overall Contents) | 주제 / 목적 (Topic / Purpose) | 1~2문항 |
| | | 장소 / 관계 (Settings / Relationships) | |
| 2 | 세부사항 파악하기 (Detailed Information) | 문제점 / 걱정 / 화자의 의도 (Problems / Worries / Intentions) | 2~3문항 |
| | | 제안 / 요청 / 다음에 할일 (Suggestions / Requests / Planning) | |
| | | 이유 / 방법 / 시간 (Causes / Methods / Time) | 1~2문항 |
| | 총 4개 유형 | | 총 10문항 |

① 17-26번까지 총 10문항으로 구성된다.

② 6개의 턴으로 이루어진 두 사람의 대화를 듣고, 뒤 따라 나오는 질문에 가장 알맞은 답을 고르는 문항이다.

③ 대화는 두 번씩 들려주며, 대화가 끝나면 질문은 한 번만 읽어준다. 질문과 선택지는 문제지에 인쇄되어 나온다.

④ 질문의 유형은 다양하며 크게 전체 내용 파악과 세부 사항 파악으로 나눠진다. 질문의 예는 다음의 표를 참고한다.

## Part 3 질문 유형

| 주제 / 목적 | What is the conversation about? <br> What is the purpose of the (wo)man's visit? |
|---|---|
| 장소 / 관계 | Where are the speakers? <br> What is the most likely relationship between the speakers? |
| 문제점 / 걱정 / 화자의 의도 | What is the (wo)man's problem? <br> Why does the (wo)man say "~"? |
| 제안 / 요청 / 다음에 할 일 | What does the (wo)man offer to do? <br> What is the (wo)man asked to do? <br> What does the (wo)man say (s)he will do next? |
| 이유 / 방법 / 시간 | Why is the (wo)man happy? <br> How did the (wo)man get to the park? <br> When is the next flight? |

## 토셀쌤의 친절한 Part 3 조언

Part 3에서는 비교적 긴 대화를 듣고 필요한 정보를 효율적으로 파악해내는 능력이 중요합니다. 따라서 전략적인 듣기가 요구되며, 다음의 두 가지 전략이 있습니다.

### 1 질문 먼저 보기

대화를 듣기 전 질문을 먼저 보고 어떤 정보가 필요한지 파악할 수 있습니다.질문의 유형은 크게 두 개입니다. 첫 번째는 전체 내용을 얼마나 잘 파악했는가를 물어보는 질문이며, 두 번째는 대화에서 세부 사항을 얼마나 잘 포착했는지를 시험하는 질문입니다.

- **전체내용:** 주제, 목적, 장소, 관계 등
- **세부내용:** 문제점, 제안, 요청, 다음에 할 일, 이유, 방법, 시간 등

따라서 질문을 처음 보았을 때 전체 내용 파악인지, 세부 내용 판단인지 판단하는 것이 문제 풀이의 첫걸음입니다. 다음 두 질문을 보기 바랍니다.

---

**ex**  Q. Where is the conversation taking place?

- 대화가 이루어지고 있는 장소에 관해 묻고 있습니다. 장소에 관한 단서는 대화 중 어디서든 등장할 수 있기 때문에, 대화의 전반적인 내용 파악에 중점을 두어야 합니다.
- 단서가 곳곳에서 나올 수 있는 만큼, 첫 문장부터 집중해서 들어야 합니다. 처음부터 문맥 상황이 드러나는 경우가 종종 있기 때문입니다. 예를 들어 'Excuse me, where can I find the science novel section?'(과학 소설책들은 어디에 있나요?)이라는 첫 마디를 들으면 장소가 서점이나 도서관이라고 예측할 수 있겠습니다.
- 대화 속에서 두 사람의 행동, 대화 소재 등을 바탕으로 장소를 추측해야 하는 까다로운 문항이 나올 수도 있습니다. 두 사람이 'rollercoaster'를 타러 다니고, 'parade'도 보러 다닌다면 장소는 놀이 공원일 가능성이 높겠죠?

---

**ex**  Q. What does the woman ask the man to do?

- 여자가 남자에게 무엇을 부탁했는지 묻고 있습니다세부 사항 파악 유형입니다. 구체적인 대화 내용은 아직 모르지만, 대화 속에서 여자가 부탁한다는 것만큼은 확실합니다.
- 두 사람의 말 모두 중요하지만, 여자가 단서를 말할 확률이 높으니 'the woman'의 말에 주목해야겠습니다.

---

### 2 선택지 핵심어 파악하기

Part 1에서 핵심어를 파악하는 능력이 중요하다고 했습니다 질문만큼이나 선택지의 핵심어에도 유용한 정보가 많이 담겨있기 때문입니다. 핵심어 파악은 대화를 효율적으로 듣기 위한 준비 단계입니다. 다음의 선택지를 보기 바랍니다.

---

**ex**  Q. What's the problem?

(A) The woman **lost** her **smart watch**
(B) The woman got caught in **traffic jam**.
(C) The woman **missed** her **appointment**.
(D) The woman's **phone ran out of power**.

**핵심어**

(A) 'lost' 'smart watch' (시계 분실)
(B) 'traffic jam' (교통 체증)
(C) 'missed' 'appointment' (약속 놓침)
(D) 'phone' 'ran out of' 'power' (핸드폰 전원 꺼짐)

먼저 질문을 보고 '무슨 문제 상황이 나오겠구나.' 파악이 됐죠? 그 다음에 선택지의 핵심어를 오른쪽과 같이 파악할 수 있습니다.

---

이런 식으로 선택지의 핵심어를 파악해 놓으면, 대화에 나온 내용이 선택지에서 paraphrasing 되더라도 쉽게 알아차릴 수 있습니다. 여기서 paraphrasing이란, '치통이 있어.'라는 말을 '이가 아파.'처럼 다른 말로 바꾸어 표현하는 것을 말합니다. 만약 대화에서 여자가 'I was so embarrassed my phone died out of nowhere.'(핸드폰이 갑자기 꺼져서 너무 당황스러웠어.)라고 말했다면 정답은 'my phone died'를 paraphrasing한 (D)이겠죠?

# 1. Topic / Purpose

주제/목적을 묻는 유형입니다. 보통 대화의 전반적인 흐름을 파악해야 정답을 찾아낼 수 있는 유형입니다. 대화의 초반에 단서가 제시되는 경우도 있고, 정답의 단서가 대화 곳곳에 있는 경우도 있기 때문에 **대화의 전체적인 내용**을 잘 숙지해야 하는 유형입니다.

1 대화의 초반부를 반드시 들어 대화의 문맥, 상황, 흐름을 정확히 파악하는 것이 중요합니다.

2 주제/목적은 대화 속에서 화자들이 **공통으로 다루는 소재**에 집중하면 파악하기 용이합니다.

## 질문 형태

| 주제를 묻는 질문 형태 | What are the speakers mainly discussing?<br>What is the main topic of the conversation? |
|---|---|
| 목적을 묻는 질문 형태 | What's the purpose of the conversation?<br>Why is the woman calling? |

## STEP 1 ≫ Example

🎧 Track 3-1-01

**Q.** What is the main topic of the conversation?

(A) a shop that is closing
(B) an ending relationship
(C) a new store at the mall
(D) an anniversary arrangement

**Q.** 이 대화의 주제는 무엇인가?

(A) 문 닫는 가게
(B) 헤어지는 관계
(C) 쇼핑몰의 새 가게
(D) 기념일 준비

---

주제를 묻고 있으니 초반부터 집중하여 전반적인 흐름을 파악하려고 노력해야겠습니다.

핵심어는 (A): 'shop', 'closing', (B): 'ending relationship', (C): 'new store', (D): 'anniversary arrangement'입니다.

---

W: So it looks like Mina and Tony are breaking up.⁽¹⁾

M: Breaking up? You're kidding.

W: I'm serious. Mina says it's over.

M: I just saw them together at the mall.

W: Maybe, but not for long.

M: That's too bad. They seem like a nice couple.

여: Mina랑 Tony가 헤어지는 것 같아.

남: 헤어진다고? 농담이지.

여: 진심이야. Mina가 끝났다고 말한다니깐.

남: 쇼핑몰에서 둘이 같이 있는 거 방금 봤는데.

여: 그럴지도, 근데 오래는 못 가.

남: 너무 안됐다. 좋은 커플 같은데.

### 토셀쌤의 시범 풀이

(1) 여자의 첫 마디부터 대화의 주된 소재가 드러나고 있습니다. Mina와 Tony라는 두 커플이 헤어질 것이라 말하고 있는데요. 나머지 부분을 들어보면 두 사람이 헤어진다는 주제에서 벗어나지 않고 대화가 마무리되고 있습니다. 따라서 (B)가 정답입니다. 대화의 'breaking up', 'couple'이 선택지에서 'ending relationship'으로 설명된 점도 짚고 넘어가기 바랍니다.

(C): 본문에 등장한 'mall'을 이용한 오답입니다.

(D): 대화의 전반적인 내용을 파악하지 못했을 때 'They seem like a nice couple.'이라는 마지막 문장만 듣고 연관 지어 유도하도록 만든 오답입니다.

**[어휘]** break up 헤어지다, 끝이 나다 | anniversary 기념일 | arrangement 준비, 마련, 주선                          정답: (B)

## STEP 2 » Pattern Practice

🎧 Track 3-1-02

1. What is the conversation about?

(A) where to go for frozen yogurt
(B) how to spend money they found
(C) when to start saving their money
(D) how much it will cost to buy treats

M: Hey, check it out. There's a twenty-dollar bill on the ground.

W: No way! It must be your lucky day.

M: Yeah, I guess so.

W: What are you gonna do first with your new fortune?

M: I suppose I'll start by treating you to some frozen yogurt.

W: That sounds like a great idea to me.

남: 저기, 이것 좀 봐. 바닥에 20달러 지폐가 있어.

여: 어머나! 너 운수 좋은 날인가 보다.

남: 어, 그런 거 같네.

여: 너의 새 행운의 돈으로 먼저 뭘 할 거야?

남: 너한테 요거트 아이스크림을 좀 사주면서 시작해야 할 거 같은데.

여: 그거 좋은 생각인 것 같네.

1. 무엇에 관한 대화인가?

(A) 요거트 아이스크림을 어디서 사야 하는지
(B) 발견한 돈을 어떻게 사용할 것인지
(C) 돈 저축을 언제 시작해야 하는지
(D) 선물을 사는데 비용이 얼마나 드는지

**[풀이]** 대화의 세 번째 턴까지 들으면, 남자가 바닥에서 20달러를 주운 사실을 알 수 있고, 네 번째 턴에서 여자가 주운 20달러로 무엇을 할지 직접 묻고 있습니다. 그다음 부분을 들으면 남자가 주운 20달러로 일단 요거트 아이스크림을 살 거라는 사실을 확실히 알 수 있습니다. 전반적으로 대화의 내용이 남자가 주운 20달러와 그 돈으로 무엇을 할지에 관한 내용이었기 때문에 (B)가 정답입니다. (D)의 경우, 'some frozen yogurt'를 사주겠다고 대화 속에서 언급되긴 했지만 그게 얼마일까는 대화 속에서 관심의 대상이 전혀 아니었습니다. 대화에서 언급된 20달러는 남자가 길바닥에서 발견한 돈의 액수였습니다. 대화의 흐름을 제대로 파악하지 못했을 때 단어의 연관성을 통해 오답을 고르도록 유도한 선택지입니다.

**[어휘]** check it out 잘 들어봐 | fortune 운, 행운; 재산, 부 | frozen 냉동된, 얼어붙은 | treat 대접하다, 한턱내다; (특히 남을 대접하여 하는[주는]) 특별한 것[선물], 대접, 한턱

정답: (B)

🎧 Track 3-1-03

2. What are the man and woman talking about?

(A) what gifts they want to receive
(B) how much they love the holidays
(C) stresses during the holiday season
(D) where they plan on going for the holidays

M: Do you like the holiday season?

W: I don't know… It always stresses me out.

M: Really? Why's that?

W: I always want to buy the perfect gift, but sometimes it's hard to do.

M: I'm sure any gift you buy will be good.

W: Yeah, it is the thought that counts, after all.

남: 너 크리스마스 휴가철을 좋아해?

여: 글쎄... 항상 스트레스만 줘서.

남: 정말? 무슨 이유로?

여: 늘 완벽한 선물을 사고 싶은데 그러는 게 때때로 어렵잖아.

남: 네가 사는 선물은 뭐든지 좋을 거라 확신해.

여: 그래, 결국, 중요한 건 마음이지.

2. 남자와 여자는 무엇에 관해 대화하고 있는가?

(A) 어떤 선물을 받고 싶은지
(B) 연휴를 얼마나 좋아하는지
(C) 크리스마스 연휴 기간의 스트레스
(D) 연휴를 어디서 보낼 예정인지

**[풀이]** 첫 번째 턴에서 남자의 첫 마디를 통해 'holiday season'이 대화의 핵심이라는 걸 짐작할 수 있습니다. 그런데 여자는 크리스마스 연휴철이 스트레스를 준다고 말합니다. 이 말을 듣고 세 번째 턴에서 남자가 곧바로 'Why's that?'이라며 이유를 묻고 있습니다. 네 번째 턴에서 그 기간에 완벽한 선물을 사야 하는 부담감이 여자에게 스트레스를 준다는 사실을 알 수 있고, 그 다음 그와 관련해 두 사람이 서로 한 마디씩 주고받고 대화가 마무리되고 있습니다. 따라서 두 사람이 '휴가철의 스트레스'를 바탕으로 대화를 나누고 있음을 알 수 있으므로 (C)가 정답입니다. (A)의 경우, 본문에 등장한 'gift'를 이용해 혼동하도록 유도한 오답입니다. (B)와 (D)의 경우, 남자의 첫 마디에 등장한 'holiday season'을 통해 혼동하도록 유도한 오답입니다.

**[어휘]** stress out 스트레스를 받[게하]다 | count 인정되다, 중요하다; (숫자를) 세다 | the holiday season 크리스마스 (연말) 휴가철

정답: (C)

🎧 Track 3-1-04    🎧 Track 3-1-05    🎧 Track 3-1-06    🎧 Track 3-1-07

1. Why did the man call?

   (A) to demand a refund
   (B) to chat with a friend
   (C) to schedule an appointment
   (D) to ask what time the office is open

2. What are the speakers talking about?

   (A) stores on the boardwalk
   (B) where they will buy a house
   (C) a vacation they took together
   (D) the effects of global warming

3. Why is the man calling?

   (A) to buy a fitness tracker
   (B) to see his exercise hours
   (C) to complain about a watch
   (D) to ask about a gym membership

4. Why does the man ask the woman to visit?

   (A) to teach the woman to fight
   (B) to enroll the man's child in school
   (C) to discuss the woman's son's actions
   (D) to talk about the woman's son's grades

# Generation Gap

## Floppy Disk? Save Icon?

삼촌과 조카가 집을 청소하다 오래된 상자에서 다음과 같은 물건을 발견한다.

조카: 어라, 이게 뭐지?

삼촌: 이야, 정말 오랜만에 보네. 뭔지 맞춰보렴.

조카: 아, 알겠다! 이거 저장 버튼 (save icon)이잖아요!

삼촌: 저장 버튼?

조카: 컴퓨터에서 저장할 때 누르는 그 버튼!

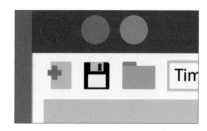

조카: 누가 저장 버튼을 3D 프린터로 잔뜩 만들어 놓았나 보다.

삼촌: 저장 버튼을 3D 프린팅했다고...? 아니 아니, 이건 플로피 디스크 (floppy disk)라는 거야.

조카: 플로피 디스크요?

삼촌: 삼촌이 젊었을 때 쓰던 건데, 여기에다가 게임도 담고, 내가 좋아하는 소설도 담고, 여기 앞에 이름표에다 무엇을 담았는지도 펜으로 크게 크게 써놨지. 용량이 1.44MB였나 그랬을 거야.

조카: 흠, 못 믿겠어요. 이 크기에 용량이 그것밖에 안 된다고요? 이거보다 훨씬 작은 USB (thumb drive)는 요새 1TB까지도 나오는데... 아무래도 이건 그냥 저장 버튼이에요.

삼촌: 이런이런, 플로피 디스크를 모르는 세대가 등장하다니. 세월이 흐르긴 흘렀나보다.

삼촌과 조카가 논쟁을 벌이고 있습니다. 과연 닭이 먼저냐 달걀이 먼저냐의 문제일까요? 아닙니다. 여러분이 컴퓨터에서 문서 작업을 하고 저장할 때 누르는 저장 버튼은 사실 '플로피 디스크'라는 데이터 저장 장치를 본뜬 것입니다. 플로피 디스크는 70년대에 처음 등장해 80년대에 3.5인치 (약 8.89cm) 1.44MB 모델이 등장하면서 보편화됐습니다. 지금의 기준으로 보면 터무니없이 작은 용량이지만, 당시에는 휴대도 편하고 단단한 금속 덮개가 있어서 데이터 손상도 방지할 수 있었기 때문에 널리 쓰였습니다. 플로피 디스크는 우리가 알고 있는 둥근 모양의 CD가 등장하면서 사라졌지요. 사실 CD조차도 USB와 SD 카드, 클라우드 서버 등 더 진보한 데이터 저장 장치의 등장으로 점점 잊히고 있습니다. 기술은 눈 깜짝할 새 발전합니다. 새것이 등장하면 옛것은 추억 속으로 사라지게 되는 건 어쩔 수 없는 일이죠. 그렇다면 우리가 흔히 쓰고 있는 USB도 일상에서 사라질 날이 올지도 모르겠네요.

### 💡 Pop Quiz!

컴퓨터에서 문서 작업을 하고 저장할 때 흔히 이 버튼을 누릅니다. 이 버튼의 아이콘은 어디서 유래했을까요?

(A) floppy disk
(B) thumb drive
(C) cloud server

정답: (A)

# 2. Settings / Relationships

장소/화자의 관계를 묻는 유형입니다. 보통 대화의 **전반적인 흐름**의 파악을 통해 정답을 찾아낼 수 있는 유형입니다. 대화 속에서 **화자들이 보고 있는 대상, 하고 있는 활동** 등을 통해 단서가 제공됩니다.

| | |
|---|---|
| 1 | 대화의 장소나 화자의 관계를 나타낼 수 있는 **힌트 단어**들을 잘 파악해야 합니다. |
| 2 | 장소/관계 유형을 풀기 위해 평소 장소, 직업/신분 관련 어휘를 미리 익혀두는 게 중요합니다. |

| 질문 형태 | |
|---|---|
| 장소를 묻는 질문 형태 | Where are the speakers?<br>Where is the conversation most likely taking place? |
| 관계를 묻는 질문 형태 | What is the most likely relationship between the speakers?<br>Who is the man most likely to talking to? |

## STEP 1 ≫ Example

🎧 Track 3-2-01

**Q.** Where is this conversation most likely taking place?

(A) at work
(B) at home
(C) at school
(D) at a grocery store

**Q.** 이 대화가 일어나고 있는 장소로 가장 적절한 곳은 어디인가?

(A) 직장에서
(B) 집에서
(C) 학교에서
(D) 식료품점에서

대화를 듣기 전 질문과 선택지를 살펴볼까요? 질문을 보니 대화가 일어나고 있는 장소를 묻고 있습니다. 첫 마디부터 유심히 들어야 하고, 전체 내용과 흐름을 파악하며 들어야겠다는 마음가짐이 절로 들지요? 선택지는 당연히 여러 가지 장소와 관련된 단어로 구성돼있습니다.

그러면 대화를 들으며 장소를 파악해 봅시다.

---

(1)
M: Did you hear that noise?
W: What noise?
M: It sounded like someone just knocked on the door.

W: Ah, that's probably my friend, Sally. I invited her over for dinner tonight.

(3)
M: I didn't know we were expecting company. I'll start making dinner.
W: I'll be there in a minute to help.

남: 저 소리 들었어?
여: 무슨 소리?
남: 누가 방금 문 두드린 거 같은데.

여: 아, 아마 내 친구 Sally일 거야. 오늘 밤 저녁 식사에 초대했거든.

남: 누가 올 거라고는 생각 못 했는데. 저녁 만들기 시작해야겠다.
여: 금방 가서 도와줄게.

---

### 토셀쌤의 시범 풀이

(1) 처음 세 개의 턴을 들으면 누군가 문을 두드리고 있다는 사실을 알 수 있습니다. 장소는 들어오기 전에 노크해야 하는 곳이겠네요.

(2) 네 번째 턴에서 여자가 문을 두드리고 있는 사람이 누구인지 알려줍니다. 여자가 자신의 친구 Sally를 오늘 저녁 식사에 초대한 상황입니다.

(3) 다섯 번째 턴을 들어보니 남자는 Sally가 온다는 사실을 이제야 들었다는 사실을 알 수 있습니다. 마지막으로 여자가 금방 도우러 간다고 말하며 대화가 끝나고 있습니다.

이제 대화의 전체 상황을 종합하면, 대화가 일어나는 장소는 '들어오기 전 노크를 하는 실내 공간', '누군가를 저녁 식사에 초대할 수 있는 곳', '본인이 직접 저녁 식사를 만드는 곳'이니, 이런 곳은 바로 두 사람의 가정 집밖에 없겠죠? 따라서 정답은 (B)였습니다.

전체 내용 파악 유형 중 하나인 장소 파악 문항을 풀어봤습니다. 이제 전체 내용을 파악해야 하는 문항에 어떻게 접근해야 할지 조금 감이 오나요? 대화 도중에 그 누구도 '우린 집에 있어!'라고 소리치지 않았지만, 대화에서 드러난 상황과 두 사람의 행동을 바탕으로 장소를 추측할 수 있습니다.

**[어휘]** noise 소리, 소음 | knock on the door 문을 두드리다 | expect 기다리다, 기대하다

정답: (B)

## STEP 2 >> Pattern Practice

🎧 Track 3-2-02

1. Where is this conversation most likely taking place?

(A) at a pet store
(B) at a plant shop
(C) at a veterinary clinic
(D) at a children's hospital

---

W: Dr. Garcia, I'm very worried about Rex's front paw.

M: What seems to be the trouble?

W: When I let him off his leash, he stepped on something sharp.

M: Let's take a look. Oh, yes, I can see a small cut.

W: Is it serious?

M: No, just a minor cut. I can patch that up.

---

여: Garcia 선생님, Rex의 앞발이 정말 걱정돼요.

남: 뭐가 문제인 것 같으세요?

여: 제가 목줄을 풀어줬을 때, 뭔가 날카로운 걸 밟았어요.

남: 한 번 봅시다. 아, 그렇네요, 여기 작은 상처가 보입니다.

여: 심각한 건가요?

남: 아니요, 그냥 조금 베였어요. 제가 치료할 수 있습니다.

1. 이 대화가 일어나고 있는 장소로 가장 적절한 것은 어디인가?

(A) 반려동물 가게에서
(B) 화분 가게에서
(C) 동물 병원에서
(D) 소아 병원에서

[풀이] 대화의 전반적 내용을 살펴봅시다. 우선 'Rex's front paw', 'let him off his leash' 등의 표현을 보았을 때 Rex는 여자의 반려동물임을 알 수 있습니다. 또한 여자는 반려동물의 앞발이 다쳐서 걱정하고 있는 주인이고, 남자는 'Dr. Garcia', 'What seems to be the trouble?', 'I can patch that up' 등의 말로 보아 Rex를 진료하고 있는 동물 병원 의사 선생님이라는 사실을 짐작할 수 있습니다. 따라서 대화가 일어나고 있는 장소는 동물 병원일 확률이 높으니 (C)가 정답입니다. (A)의 경우, 대화의 중심 내용을 파악하지 못하고 반려동물과 관련됐다는 정도만 파악했을 때 고르도록 유도한 오답입니다. (D)의 경우, 대화가 여자의 반려동물 Rex를 중심으로 이루어지고 있다는 점을 파악하지 못했을 때 고르도록 유도한 오답입니다.

[어휘] paw (동물의 발톱이 달린) 발 | let A off A's leash A의 목줄을 풀어주다 | step on ~을 밟다 | minor 작은, 가벼운 | patch up [임시로] 치료하다, ~을 대충 수선하다, 수습하다 | veterinary 수의과의                    정답: (C)

🎧 Track 3-2-03

2. What is the most likely relationship between the speakers?

(A) cyclist - cyclist
(B) driver - passenger
(C) pedestrian - motorcyclist
(D) taxi owner - police officer

---

M: Look at this clown in front of us.

W: Dad, calm down. Drive defensively, not offensively.

M: This guy's turning signal has been on this whole time.

W: I know, so stay further behind him.

M: I'll bet he doesn't even see the guy on the bike.

W: Ugh, I can't wait until I get my driver's license.

---

남: 우리 앞에 이 광대 좀 봐.

여: 아빠, 진정해요. 방어적으로 운전하세요, 공격적이 아니고요.

남: 이 남자의 방향 지시등이 여태 계속 켜져 있었단 말이야.

여: 알아요, 그러니까 그한테서 멀리 떨어져 있어요.

남: 이 사람 자전거 타고 있는 남자도 못 볼 거야.

여: 으, 빨리 운전 면허증을 딴가 해야지.

2. 화자 간의 관계로 가장 적절한 것은 무엇인가?

(A) 자전거 타는 사람 - 자전거 타는 사람
(B) 운전자 - 동승자
(C) 보행자 - 오토바이 운전자
(D) 택시 소유자 - 경찰관

[풀이] 인물이 하는 행동이나 처한 상황 등을 전반적으로 고려해 관계를 짐작해야겠습니다. 핵심 단서는 바로 두 번째 턴의 'Dad, calm down. Drive defensively, not offensively.'라는 말에서 나왔습니다. 이를 통해 남자가 지금 운전을 하는 운전자이고, 여자가 차에 같이 타고 있는 동승자임을 유추할 수 있습니다. 대화의 나머지 부분도 고려해보면, 다른 운전자가 'turning light' (방향 지시등)를 계속 켜서 남자가 불평하는 부분이나 여자가 마지막에 (남자의 계속되는 불평에 싫증이 나서) 자신이 빨리 운전 면허증을 따길 원하는 부분 등을 보았을 때 남자와 여자가 각각 운전자와 동승자라고 유추한 것이 적절함을 확인할 수 있습니다. 따라서 (B)가 정답입니다.

[어휘] clown 광대, 광대 같은 사람 | defensively 방어적으로; 수동적으로 | offensively 공격적으로; 무례하게 | turning signal 방향 지시등, 깜빡이 | driver's license 운전 면허증 | pedestrian 보행자                    정답: (B)

🎧 Track 3-2-04   🎧 Track 3-2-05   🎧 Track 3-2-06   🎧 Track 3-2-07

1. What is the most likely relationship between the speakers?

   (A) best friends
   (B) mother and son
   (C) husband and wife
   (D) employee and boss

2. What is the most likely relationship between the speakers?

   (A) coworkers
   (B) classmates
   (C) parent and child
   (D) doctor and patient

3. Where is this conversation likely taking place?

   (A) a skating rink
   (B) a soccer game
   (C) a tennis match
   (D) a basketball court

4. Where is this conversation likely taking place?

   (A) in a kitchen
   (B) in a bathroom
   (C) in a computer lab
   (D) in a furniture store

# 3. Problems / Worries / Intentions 문제점 / 걱정 / 화자의 의도

문제점/걱정 유형은 **대화 속에서 제시된 문제점이나 걱정거리**를 묻는 유형이며, 기계 고장, 서비스 불량, 교통수단 지연 등 다양한 문제점이 제시될 수 있습니다. 화자의 의도 파악 유형은 **대화 속에서 화자가 한 말의 의도**를 묻는 유형으로, 대화 도중 언급된 특정 문장에 담긴 화자의 숨겨진 의도를 잘 파악했는지 측정합니다.

1   질문을 먼저 보면 'Why is the woman worried?'처럼 **특정 화자를 제시**해주기 때문에 man과 woman 중 누구의 말에서 단서가 나올지 어느 정도 예측이 가능합니다.

2   질문에 **인용 어구**가 있다면 무조건 **의도 파악** 문제입니다. 인용 어구를 정확히 숙지한 뒤 대화 도중 인용 어구가 들리면 바로 앞뒤 문맥 상황을 통하여 빠르게 정답을 추론해내는 것이 좋습니다.

| 질문 형태 | |
| --- | --- |
| 문제점 및 걱정거리를 묻는 질문 형태 | What problem does the man mention?<br>What is the woman worried about? |
| 화자의 의도를 묻는 질문 형태 | What does the man mean when he says, "~"?<br>Why does the woman say, "~"? |

## STEP 1 » Example

🎧 Track 3-3-01

Q.  What does the woman mean by "I guess we will only be able to meet once in a blue moon"?

(A)  They will only be able to meet at night.

(B)  They will not be able to meet very much.

(C)  They will only be able to meet one friend.

(D)  They will not be able to meet next week.

Q.  여자가 "우린 푸른 보름달이 뜰 때 한 번씩만 만나겠네."라고 말한 의도는 무엇인가?

(A)  그들은 밤에만 만날 수 있을 것이다.

(B)  그들은 별로 많이 만나지 못할 것이다.

(C)  그들은 친구 한 명만 만날 수 있을 것이다.

(D)  그들은 다음 주에 만나지 못할 것이다.

해당 유형은 질문의 인용구 속에 있는 말이 대화 속에서 반드시 언급됩니다. 인용구 속에 "once in a blue moon"이라는 생소한 관용 표현이 보이지만 당황할 필요는 없습니다. 화자의 의도 파악 유형은 대화 상황, 앞뒤 문장과의 관계를 통해 그 말의 의도를 정확히 파악하는 능력을 측정하는 유형이기 때문입니다. 'once in a blue moon에만 만날 수 있겠네.' 정도로만 파악하고 넘어가도 충분합니다.

핵심어는 (A): 'meet at night', (B): 'not', 'meet very much', (C): 'meet one friend', (D): 'not', 'meet next week'입니다.

M: I can't believe we are graduating.

W: It's amazing, isn't it?

M: ⁽¹⁾Too bad all of our friends got into different colleges though.

W: ⁽²⁾I guess we will only meet once in a blue moon...

M: ⁽³⁾We will meet more than that. Most of us will be in town often to visit family.

W: Good point. Thank goodness we are all from the same hometown.

남: 우리가 졸업한다니 믿기지 않아.

여: 정말 놀랍지 않아?

남: 친구들이 다 다른 대학에 들어가서 너무 아쉬워.

여: 우린 푸른 보름달이 뜰 때 한 번씩만 만나겠네...

남: 그것보다는 더 만날 거야. 우리 거의 다 가족들 보려고 자주 동네에 올 거잖아.

여: 맞아. 우리가 모두 같은 고향 출신이라니 다행이다.

### 토셀쌤의 시범 풀이

바로 네 번째 턴에서 해당 인용구 문장이 들렸는데요. 앞뒤 문장을 살펴보며 의도를 파악해야 합니다.

(1) 바로 전 문장에서 남자가 졸업과 동시에 친구들이 다른 대학으로 뿔뿔이 흩어지게 돼 아쉬움을 표현합니다.

(2) 그다음 'I guess we will only meet once in a blue moon...'이라는 인용구가 이어지는데요. 친구들이 졸업 후 다 다른 대학으로 가 떨어져 있으니 '서로 얼굴 보기 힘들겠다', '어쩌다 한 번 만날 수 있겠네.' 등의 의도를 품은 말이 자연스럽게 나올 수 있겠죠? 따라서 (B)가 정답이었습니다. 바로 뒤 문장을 살펴보면 이것이 더 확실해집니다.

(3) 남자가 'We will meet more than that'이라며 '그것(어쩌다 한 번)보다는 더 만날 수 있을 거야.'라며 그 이유를 설명합니다. 여기서 'that'은 'once in a blue moon'을 가리키고 있습니다.

사실 'once in a blue moon'은 '매우 드물게, 좀처럼 ~않다'를 뜻하는 관용 표현입니다. 하지만 'once in a blue moon'이라는 표현이 생소했어도 대화 내용과 앞뒤 문장을 바탕으로 충분히 추론해낼 수 있었습니다. 앞으로 의도 파악 유형을 풀 때도 이런 식으로 접근하면 큰 도움이 됩니다.

**[어휘]** once in a blue moon 극히 드물게 | thank goodness 다행스럽게도

정답: (B)

🎧 Track 3-3-02

1. Why can't the woman eat the candy?

　　(A) She doesn't like to eat candy.

　　(B) She cannot eat sticky caramel.

　　(C) She is trying to lose some weight.

　　(D) Her braces are hurting her teeth too much.

W: Thanks for the candy, but I can't eat it.

M: Ah, you don't like caramel?

W: It's not that. I got braces last week.

M: You have braces? I didn't notice you had them.

W: Yeah, they're clear. And the dentist told me not to eat chewy or sticky foods.

M: Next time I'll bring you something else.

여: 사탕 고마운데, 나 못 먹어.

남: 아, 캐러멜을 좋아하지 않는구나?

여: 그게 아니라, 지난주부터 교정기 꼈거든.

남: 교정기를 꼈다고? 네가 낀 줄 몰랐어.

여: 응, 투명한 거거든. 그리고 치과 선생님이 질기거나 끈적이는 음식은 먹지 말라고 하셨거든.

남: 다음번엔 다른 걸 갖다 줄게.

1. 여자가 사탕을 먹을 수 없는 이유는 무엇인가?

　　(A) 그녀는 사탕 먹는 걸 좋아하지 않는다.

　　(B) 그녀는 끈적한 캐러멜을 먹을 수 없다.

　　(C) 그녀는 살을 빼려고 한다.

　　(D) 교정기 때문에 그녀의 치아가 너무 아프다.

[풀이] 질문을 보면 여자의 말에서 단서가 제공될 확률이 높다는 사실을 알 수 있습니다. 대화의 첫 마디에서부터 여자는 자신이 사탕을 먹지 못한다고 말하고 있습니다. 후에 남자의 질문에 대답하며 그 이유를 차례차례 설명하고 있습니다. 세 번째 턴에서 최근에 교정기를 꼈다고 말하고, 다섯 번째 턴에서 'the dentist told me not to eat chewy or sticky foods'라며 끈적이는 음식을 먹을 수 없는 이유를 말하고 있습니다. 따라서 (B)가 정답입니다. (A)의 경우, 두 번째 턴의 'Ah, you don't like caramel?'이라는 질문에 'It's not that.'이라고 답했으므로 오답입니다. (D)의 경우, 세 번째 턴의 'I got braces last week.'만 듣고 나머지 대화에 집중하지 않았거나 제대로 파악하지 못했다면 고르도록 유도한 오답입니다.

[어휘] brace 치아 교정기; 버팀대 | notice ~을 알아차리다; 주목하다 | clear 투명한, 맑은; 분명한 | chewy 질긴, 쫄깃쫄깃한, 꼭꼭 씹어야 하는 | sticky 끈적거리는, 달라붙는

정답: (B)

🎧 Track 3-3-03

2. What does the man mean by "Every last inch."?

　　(A) His phone is useless.

　　(B) His phone is too small.

　　(C) He looked in his room.

　　(D) He looked everywhere except his room.

M: Do you see my phone in here anywhere?

W: Umm (pause as if looking for it)... No I don't see it here.

M: Are you sure? Did you look under the table?

W: Sure did. Did you check your room thoroughly?

M: Every last inch.

W: Then you must have left it at the arcade this afternoon.

남: 여기 어딘가에 제 휴대폰 보이나요?

여: 음 (찾는 듯 하던 일을 멈췄다가)... 아니 여기엔 안 보이는구나.

남: 확실해요? 탁자 밑은 보셨나요?

여: 물론이지. 네 방은 꼼꼼히 확인했니?

남: 샅샅이요.

여: 그렇다면 오늘 오후에 오락실에 두고 온 모양이구나.

2. 남자가 "샅샅이요."라고 말한 의도는 무엇인가?

　　(A) 그의 휴대폰은 쓸모가 없다.

　　(B) 그의 휴대폰이 너무 작다.

　　(C) 그의 방을 살펴보았다.

　　(D) 그의 방만 빼고 모든 곳을 살펴봤다.

[풀이] 질문을 보니 화자의 의도 파악 유형입니다. 'Every last inch.'가 어디서 들리는지 집중하며 대화를 들어야겠습니다.

1~4번째 턴을 들어보니 남자가 집에서 자기 휴대 전화를 찾으려고 온 집안을 헤집고 있는 상황입니다. 인용구의 'every last inch'는 바로 다섯 번째 턴에서 등장했습니다. 이는 네 번째 턴의 방을 확인했는지 묻는 여자의 말에 대한 대답으로, '(방에 휴대폰이 없다는 걸 확신할 수 있을 정도로) 꼼꼼히 방을 뒤져봤다'라는 의도를 담고 있다고 볼 수 있습니다. 따라서 (C)가 정답입니다.

여기서 'Every last inch.'의 뜻이 이해가 가지 않는다면 '[I did check] every last inch [of my room].'라고 보면 됩니다.

[어휘] thoroughly 철저히, 완전 | inch 인치(2.54cm) | arcade 오락실, 아케이드 | except ~을 제외하고는

정답: (C)

1. What is the issue?

   (A) The pizza is burning.
   (B) The elevator is broken.
   (C) There is a fire in the building.
   (D) Fireworks are making smoke outside.

2. What does the woman mean by "it'll be a breeze"?

   (A) It is too windy.
   (B) The man will need help.
   (C) The desk will be easy to repair.
   (D) The screw will be hard to tighten.

3. Why is the man upset?

   (A) Lessons take too much time.
   (B) He needs better paint brushes.
   (C) He is not happy with his skill.
   (D) Hiring a professional painter is expensive.

4. What is the man asking about when he says "what was the deal?"

   (A) why the roommates were not good
   (B) what the price of the shared room was
   (C) what the woman did about her problem
   (D) why the woman lived with two roommates

# 4. Suggestions / Requests / Planning

제안/요청/계획을 묻는 유형이며, **정답의 단서가 특히 대화의 중/후반부에서 자주 제시됩니다.** 특히 **계획을 묻는 문제는 다양한 미래 시제**를 통해 단서가 제시됩니다.

1 문제점을 묻는 유형과 마찬가지로, **질문에서 특정 화자를 제시**해주기 때문에 man과 woman 중 누구에게서 단서가 나올지 어느 정도 예측할 수 있습니다.

2 요청이나 제안 사항은 Part 2에서 제안/요청/부탁/명령/요구 유형에서 공부한 표현이 정답의 단서가 될 수 있습니다.

3 계획을 묻는 유형의 경우 'What will the woman do this summer?'의 'this summer'처럼 **질문에 특정 시점**이 들어가 있다면 그것이 질문의 **핵심어**이므로 표시해두고 주의해서 들어야 합니다.

| 질문 형태 | |
|---|---|
| 제안 사항을 묻는 질문 형태 | What does/did the woman suggest the man do?<br>What does/did the man recommend? |
| 요청 사항을 묻는 질문 형태 | What is the man asking the woman to do?<br>What does the woman ask for? |
| 계획을 묻는 질문 형태 | What is the woman going to do tomorrow?<br>According to the conversation, what will the man have for dinner? |

## STEP 1 》 Example

🎧 Track 3-4-01

Q. What does the woman ask for?

(A) a gift for her mother
(B) time to take a vacation
(C) a plane ticket to Taiwan
(D) a ride back to her home

Q. 여자가 부탁한 것은 무엇인가?

(A) 어머니께 드릴 선물
(B) 휴가를 갈 시간
(C) 대만행 비행기 표
(D) 귀가할 차편

---

질문을 살펴보니 여자가 무엇을 부탁하는 질문입니다. 정답의 단서는 여자의 말에 있을 확률이 높다는 사실을 인지하면서, 여자가 무엇을 부탁하는지 집중하며 들어야 합니다.

핵심어는 (A): 'gift', 'mother', (B): 'time', 'vacation', (C): 'plane ticket', 'Taiwan', (D): 'ride', 'home'입니다.

| | |
|---|---|
| W: Where did you say you were going on vacation again? | 여: 아까 너 휴가 어디로 간다고 말했지? |
| M: I haven't bought my ticket, but I'm thinking Taiwan. | 남: 아직 표를 사진 않았는데, 대만을 생각하고 있어. |
| W: (1) Oh! Can I ask a favor then? | 여: 아! 그럼 부탁 좀 해도 될까? |
| M: Sure, what do you need? | 남: 물론이지, 뭐 필요한 거 있어? |
| W: (2) Can you bring me back some of those pineapple cakes? My mom loves those. | 여: 파인애플 케이크 좀 사와줄 수 있어? 우리 엄마가 좋아하시거든. |
| M: No problem! I'll pick some up on my way back home. | 남: 문제없지! 귀국하는 길에 사 올게. |

### 토셀쌤의 시범 풀이

(1) 가장 중요한 단서는 세 번째 턴에 있습니다. 'Can I ask a favor then?'이라는 부탁 표현이 곧바로 나오기 때문입니다. 이는 그다음 여자의 말에서 정답의 단서가 나온다는 뜻입니다.

(2) 다섯 번째 턴에서 파인애플 케이크를 사 와줄 수 있는지 부탁한 뒤, 'My mom loves those.'라고 하고 있습니다. 여기서 파인애플 케이크는 어머니를 위한 선물임을 유추할 수 있으므로 (A)가 정답입니다.

[어휘] ride 탈 것; (자전거 등을) 타다

정답: (A)

## STEP 2 》 Pattern Practice

🎧 Track 3-4-02

**1.** What does the man ask the woman for?

(A) help with dancing
(B) a new practice time
(C) a date on Thursday
(D) figures from yesterday

M: Great! You're here!

W: Of course. I come to the practice room every Tuesday and Thursday.

M: Right, well I was wondering if I could ask a favor.

W: What's up?

M: Could you go over yesterday's dance moves with me?

W: You still haven't figured them out?

남: 잘 됐다! 여기 왔네!

여: 당연하지. 매주 화요일이랑 목요일에 연습실에 오는걸.

남: 그래, 음 너한테 부탁 하나 해도 될까 싶어서.

여: 무슨 일인데?

남: 어제 했던 춤 동작들 같이 봐줄 수 있어?

여: 아직 그것들을 습득 못 했구나?

1. 남자가 여자에게 부탁한 것은 무엇인가?

(A) 춤 도와주기
(B) 새 연습시간
(C) 목요일 데이트
(D) 어제자 수치

**[풀이]** 질문을 보면 남자의 말에서 단서가 제공됨을 예측할 수 있습니다. 본격적으로 세 번째 턴에서 'I was wondering if I could ask a favor'라고 묻고 있으니 다음 남자의 말에 집중해서 구체적으로 어떤 부탁인지 파악해야 합니다. 역시나 이어지는 다섯 번째 턴에서 'Could you go over yesterday's dance moves with me?'라며 춤 동작을 봐줄 수 있는지 부탁하고 있으므로 (A)가 정답입니다. (B)와 (D)의 경우, 각각 본문에 등장한 'practice'와 'yesterday'를 듣고 혼동하도록 유도한 오답입니다.

**[어휘]** go over ~을 점검[검토]하다 | figure out ~을 이해하다[알아내다] | figure 수치, 숫자; 인물, 사람    정답: (A)

🎧 Track 3-4-03

**2.** What will the woman probably do next?

(A) call a friend
(B) send an email
(C) watch the news
(D) go to a restaurant

W: How do I tell all my friends the bad news?

M: Well, I'd probably find a time when you can all go out to eat together.

W: Yeah, I'll email them now and ask.

M: Good call! You don't want someone to find out and then call everyone else.

W: That's true. They need to hear it from me.

M: If they can't meet, then send a group text.

여: 내 모든 친구들한테 나쁜 소식을 어떻게 전하지?

남: 음, 나라면 같이 밖에서 밥 먹을 수 있는 시간을 찾아보겠어.

여: 그래, 지금 이메일 보내서 물어볼게.

남: 좋은 생각이야! 누군가 (소식을) 알게 돼서 다른 애들한테 전부 연락하는 건 원치 않을테니.

여: 맞아. 나한테 직접 그 소식을 들어야 해.

남: 그들이 만날 수 없으면, 단체 문자를 보내 봐.

2. 여자가 다음에 할 일로 적절한 것은 무엇인가?

(A) 친구와 통화하기
(B) 이메일 보내기
(C) 뉴스 보기
(D) 식당에 가기

**[풀이]** 여자가 다음에 할 일을 묻고 있습니다. 다음에 할 일이니 미래 시제 표현에 유의하며 대화를 듣는 것이 좋겠습니다. 첫 번째 턴에서 여자가 친구들에게 나쁜 소식을 어떻게 전해야 하는지 묻고 있고, 그러자 남자가 저녁을 먹으면서 말하는 건 어떤지 제안하고 있습니다. 이어서 세 번째 턴에서 'Yeah, I'll email them now and ask.'라고 말하고 있습니다. 따라서 (B)가 정답입니다.

**[어휘]** Good call. 좋은 생각이야. | group text 단체 문자    정답: (B)

1.    What does the woman ask the man to do?

    (A)  bring her coffee
    (B)  contact their dad
    (C)  do nothing for now
    (D)  make a doctor's appointment

2.    What does the woman suggest the man do?

    (A)  add picture frames
    (B)  start painting portraits
    (C)  draw more landscapes
    (D)  use a different paintbrush

3.    What does the man offer to do for the woman?

    (A)  turn in a paper
    (B)  meet on Monday
    (C)  delay a deadline
    (D)  talk with her teacher

4.    What will the man and woman do next?

    (A)  get in a car
    (B)  get on a boat
    (C)  go back home
    (D)  go to buy medicine

# Robin Goodfellow

친구 중에 유난히 장난기 많은 친구가 있나요? 영국 민담folklore에서도 인간에게 장난치기를 즐기는 요정이 있습니다. 바로 퍽 (Puck) 또는 로빈 굿펠로우 (Robin Goodfellow)라고 불리는 요정인데요. 보통 인간과 염소의 모습을 한 반인반수 고블린으로 그려지는 퍽은 우유 한잔이나 간식을 조금 주면 집안일을 해주는 착한 요정이지만, 인간들에게 짓궂은mischievous 장난을 너무 많이 치는 장난꾸러기(prankster)라서 탈이지요. 퍽은 변신(shapeshift)이 가능해서 이를 이용해 남을 속이는 데 전문가(trickster)이었습니다. 예를 들어 말로 변해서 사람들을 태우다가 중간에 물에다 던져버리기도 하지요.

퍽은 영미 문학 작품에서도 자주 등장했습니다. 그중에서 가장 주목할 만한 작품은 윌리엄 셰익스피어의 『한여름 밤의 꿈』 (A Midsummer Night's Dream)인데요. 이 작품에서 퍽은 요정 왕 오베론 (Oberon)의 수하로 나와 사람의 머리를 당나귀 머리로 둔갑시켜 버리고, 사랑의 묘약을 잘못 사용해 네 명의 연인 사이에 혼란을 일으킵니다. 극 중에서 퍽은 자기가 과거에 했던 장난도 얘기합니다. 예를 들어 꽃사과로

변신해 누군가가 그 꽃사과를 음료에 넣고 마시려고 할 때 갑자기 컵 위로 올라와 그 사람을 놀라게 하고 음료를 턱에 다 쏟게 했다고 자랑합니다. 또 의자로 변신해서 남들에게 슬픈 이야기를 해주고 있는 사람이 의자에 앉으려고 할 때 몸을 비틀어 넘어지게 했다고 합니다. 슬픈 이야기를 듣고 있던 사람들은 슬퍼하다 말고 웃음보가 터지고, 넘어진 사람은 웃고 있는 사람들에게 욕을 하고 저주를 퍼부었다고 하네요. 정말 못 말리는 악동입니다.

그런데 웬일로 이런 악동 요정 퍽이 생활의 지혜를 알려준다고 마을 사람들을 불러모았습니다. 주제는 다른 사람에게 이야기할 때 삼가야 할 두 가지 행동인데요. 퍽이 다음과 같이 말합니다.

> 퍽: 다른 사람에게 이야기할 때 이 두 가지는 절대 하지 말아야 해. 정말 화가 나거든! 그 두 가지 행동 중에 첫 번째는 바로 말을 하다 말고 중간에 멈춰버리는 거야!
>
> 사람들: 그럼 두 번째는 무엇인가요?
>
> 퍽: (숲속으로 날아가며) 하하하~

이야기를 하다말고 퍽이 숲으로 날아가 버렸습니다. 사람들이 또 장난꾸러기 퍽에게 당했네요! 정말 짓궂은 요정입니다.

## 💡 Pop Quiz!

다음 중 퍽의 성격을 잘 설명해주는 단어는 무엇일까요?

(A) mischievous
(B) well-behaved

정답: (A)

# 5. Causes / Methods / Time

이유/방법/시간을 묻는 유형입니다. 이유를 묻는 유형의 경우 화자의 **심경 변화**, 특정한 행동을 할 수 없는 이유 등을 물을 수 있습니다. 방법을 묻는 유형의 경우 특정한 경로나 어떻게 문제를 해결했는지 구체적인 방법을 묻습니다. 시간을 묻는 유형은 **시점**을 나타내는 다양한 어구들이 단서로 주어지며, 말 그대로 시간을 나타낼 때 쓰는 when, what time, how many days 등의 **의문사구**로 질문이 구성됩니다.

| 1 | 이유를 묻는 유형의 경우, '**because, to부정사, I'm sorry (but)~**' 등으로 시작하는 부분에서 단서가 나올 수 있습니다. |
| 2 | 방법을 묻는 유형의 경우, 대화에서 언급된 표현을 직접 사용하기보다는 **paraphrasing**하여 선택지에 제시될 가능성이 높습니다. |

### 질문 형태

| 이유/방법을 묻는 질문 형태 | Why can't the woman go to the meeting?<br>How did the man get a free coupon? |
| --- | --- |
| 시간을 묻는 질문 형태 | When does the woman give her presentation?<br>How many hours did the speakers play? |

---

## STEP 1 》 Example

🎧 Track 3-5-01

Q. Why is the woman stressed?

(A) Her teacher failed her.
(B) She has a bruised face.
(C) She is always stressing out.
(D) Her doctor told her to skip school.

Q. 여자가 스트레스를 받는 이유는 무엇인가?

(A) 선생님이 그녀를 낙제시켰다.
(B) 얼굴에 멍이 들었다.
(C) 항상 스트레스를 받는다.
(D) 의사가 학교를 빠지라고 했다.

---

질문을 먼저 보니 여자가 왜 스트레스를 받고 있는지 이유를 찾아야 합니다.

핵심어는 (A): 'teacher', 'failed', (B): 'bruised face', (C): 'always', 'stressing out', (D): 'doctor', 'skip school'입니다.

M: Your face is still bruised from tennis practice?(1)

W: I know… It's stressing me out.(2) How am I supposed to go to school today?

M: Just skip school today.

W: I can't. I have my final presentation. My teacher would fail me.

M: If you have a doctor's note, your teacher would understand.

W: I guess that could work…

남: 너 얼굴 테니스 연습 때 멍든 거 아직도 있네?

여: 알아… 그것 때문에 스트레스받아. 오늘 학교에 어떻게 가지?

남: 그냥 오늘 학교를 빠져.

여: 안 돼. 나 최종 발표가 있어. 선생님이 날 낙제 시킬 수도 있어.

남: 의사의 진단서가 있으면, 선생님도 이해해주실 거야.

여: 그럴 수도 있겠네…

### 토셀쌤의 시범 풀이

(1) 남자의 첫마디부터 선택지에서 파악했던 'bruised'라는 단어가 나옵니다. 여자가 테니스를 하다가 얼굴에 멍이 든 상황임을 알 수 있습니다.

(2) 그러자 여자가 'I know… It's stressing me out.'이라고 대답합니다. 여기서 여자가 스트레스를 받는 이유는 지금 얼굴에 든 멍 때문임을 알 수 있으므로 정답은 (B)였습니다.

이처럼 정답의 단서가 대화의 앞부분에 나오기도 하므로 시작 부분을 놓치지 않고 들어야 하겠습니다.

(A): 네 번째 턴의 'My teacher would fail me.'와 연관 지어 고르도록 유도한 오답입니다.

(D): 다섯 번째 턴의 'If you have a doctor's note'와 연관 지어 고르도록 유도한 오답입니다.

**[어휘]** bruised 멍든, 타박상을 입은 | stress out 스트레스를 받[게 하]다 | fail 낙제[불합격]시키다; (시험에) 떨어지다; 실패하다 | work 효과가 있다; 작동하다

정답: (B)

---

## STEP 2 ≫ Pattern Practice

1. How can the man receive a discount?

   (A) by completing a survey online
   (B) by calling the number on his receipt
   (C) by asking for the same store clerk next time
   (D) by filling out the comment card at the register

---

W: Congratulations, you've won 5 dollars off your next purchase.

M: Really? I never win these kinds of things.

W: Well, it's your lucky day. Just complete the online survey to receive the coupon code.

M: Where can I find the online survey?

W: It's printed on the bottom of your receipt.

M: Thank you very much.

---

여: 축하드립니다. 다음 구매 시 5달러 할인에 당첨되셨습니다.

남: 정말요? 전 이런 거 당첨된 적이 전혀 없어요.

여: 음, 고객님의 행운의 날이네요. 온라인 설문조사를 작성하시기만 하면 쿠폰코드를 받으실 수 있습니다.

남: 온라인 설문 조사는 어디서 찾을 수 있나요?

여: 영수증 아래쪽에 인쇄되어 있습니다.

남: 정말 감사합니다.

1. 남자는 어떻게 할인을 받을 수 있는가?

   (A) 온라인 설문 조사를 작성해서
   (B) 영수증에 적힌 번호로 전화해서
   (C) 다음에 똑같은 점원에게 부탁함으로써
   (D) 계산대에 있는 의견 카드를 작성함으로써

---

[풀이] 남자가 어떻게 할인을 받을 수 있는지 묻고 있으므로 'discount', 'off' 등 할인에 관한 단어가 나오면 더욱 집중해야 합니다. 여자의 첫마디부터 '5 dollars off your next purchase'라는 핵심어가 등장합니다. 세 번째 턴을 들어보니, 이 할인 기회를 잡으려면 온라인 설문 조사에 응해서 쿠폰 코드를 받아야 한다고 말하고 있으니 (A)가 정답입니다. (B)의 경우, 본문에 등장한 'receipt'를 이용한 오답입니다. (D)의 경우, 'complete'와 'fill out'의 연관성을 이용한 오답입니다.

[어휘] receipt 영수증 | fill out (양식/서식 등을) 작성하다    정답: (A)

---

2. Why does the man feel annoyed?

   (A) The woman went home.
   (B) The group is not working.
   (C) The woman is complaining a lot.
   (D) The group will not let the woman leave.

---

M: Just go home. I'm tired of your whining.

W: I'm not saying I don't want to work. I'm just saying I'm sleepy.

M: We're all sleepy, Jillian. Our group has been working on this for 15 hours.

W: Well, you don't have to yell.

M: I'm not. We're just really annoyed with you.

W: Why are you all so mean to me?

---

남: 그냥 집에 가. 너 칭얼대는 거 지친다.

여: 일 안 하고 싶다는 뜻이 아니야. 그냥 졸리다는 말이야.

남: 우리 다 졸려, Jillian. 우리 팀은 15시간 동안 이 일에 매달리고 있어.

여: 근데, 언성 높일 필요는 없잖아.

남: 높이는 거 아냐. 우린 그냥 너 때문에 정말 짜증 나는 것뿐이야.

여: 왜 다들 그렇게 나한테 못되게 굴어?

2. 남자가 짜증을 내는 이유는 무엇인가?

   (A) 여자가 집에 갔다.
   (B) 팀이 일을 안 하고 있다.
   (C) 여자가 불평을 많이 하고 있다.
   (D) 팀이 여자가 퇴근을 못하게 한다.

---

[풀이] 질문을 보니 남자가 짜증이 난 이유를 파악해야 합니다. 남자의 첫마디에서 여자가 칭얼대는 게 ('your whining') 이제 지친다고 하는 걸 통해 남자가 짜증이 난 것을 알 수 있습니다. 두 번째 턴에서 여자가 졸려서 그런 것이라며 나름대로 자신의 힘든 점을 설명합니다. 세 번째 턴에서 남자가 여자만 졸리는 게 아니라는 점을 강조하고, 다섯 번째 턴에서 아예 직접적으로 여자 때문에 짜증이 났다고 말하고 있습니다. 정리하면, 남자는 팀 모두가 졸리는 상황에서 여자가 투정을 부려 못마땅해하고 있습니다. 따라서 (C)가 정답입니다.

[어휘] whine 징징[칭얼]거리다, 우는소리를 하다 | yell 소리[고함]치다 | annoyed 짜증이 난, 약이 오른 | mean 못된, 심술궂은; 보통의, 평균의    정답: (C)

 Track 3-5-04    Track 3-5-05    Track 3-5-06    Track 3-5-07

1.  Why does the woman have to go to another hotel?

    (A) She can't fall asleep.
    (B) The hotel made a mistake.
    (C) She missed her check-in time.
    (D) Her taxi went to the wrong place.

2.  How did the man get a great-looking bike?

    (A) By waxing a bicycle
    (B) By painting a bicycle
    (C) By buying a new bicycle
    (D) By taking a bicycle to a repair shop

3.  Why did the man lose his files?

    (A) He was not focusing.
    (B) He got into a car crash.
    (C) He downloaded too many files.
    (D) He forgot to save his documents.

4.  What time is the woman supposed to be at band practice?

    (A) 1:45
    (B) 2:00
    (C) 2:15
    (D) 2:30

# Knock Knock Joke

재치있는 말장난으로 소소한 재미를 주는 Knock knock joke (똑똑 말장난)를 알아볼까요?

Knock knock joke는 질문과 대답 형식의 대화로 주로 다음과 같은 구조를 가집니다.

---

A: Knock knock! (똑똑!)
B: Who's there? (누구세요?)
A: [Something/Someone] ( _____ 인데요)
B: [Something/Someone] Who? ( _____ 누구요?)
A: [Punchline] (펀치 라인)

---

A가 문에 노크를 하고 B가 누구인지 묻는 아주 간단한 상황입니다. Knock knock joke의 묘미는 A의 마지막 펀치 라인에 있는데요. 펀치 라인은 재치있는 말장난이 자리 잡는 곳으로 주로 비슷한 발음을 이용한 말장난 (pun)이 많습니다. 백문이 불여일견, 예시를 볼까요?

---

예시1    A: Knock knock!
        B: Who's there?
        A: Europe.
        B: Europe who?
        A: No, I'm not!

---

네 번째의 'Europe who?'가 'You're Pooh?' (너 Pooh니?)와 발음이 비슷한 점을 이용한 말장난입니다.

---

예시2    A: Knock knock!
        B: Who's there?
        A: Robin.
        B: Robin who?
        A: Robin you, now hand over the cash!

---

Robin과 robbing (도둑질하다)이 발음이 비슷한 점을 이용한 말장난입니다. 'Robin who?'가 'Robbing who? (누구를 도둑질하고 있어요?)'처럼 들리니 마지막에 A도 'Robin you, now hand over the cash!' (당신을 도둑질하고 있으니 지금 현금을 내놓아라!)라고 대답하고 있습니다.

---

예시3    A: Knock knock!
        B: Who's there?
        A: Etch
        B: Etch who?
        A: Bless you, friend.

---

'Etch who'가 마치 재채기 소리처럼 들리죠? 그러자 A가 친구가 재채기할 때 건네는 'Bless you.'라는 표현을 사용하고 있습니다.

앗, 말장난이 왜 말장난인지 진부한 설명을 늘어놓으면 말장난의 재미가 떨어진다고요? 그렇다면 여러분만의 톡톡 튀는 Knock knock joke를 만들어보는 건 어떨까요? 문 앞에서 여러분을 늘 기다리고 있겠습니다! Knock knock!

 **Pop Quiz!**

---

다음 빈칸에 들어갈 말을 고르세요.

A: _____!
B: Who's there?
A: Alex
B: Alex who?
A: Alex the questions round here!
   (* 'Alex'와 'I'll ask'의 비슷한 발음 이용)

(A) Knock knock
(B) Razzle-dazzle

정답: (A)

# Part ④

## Talks

# Talks

## Part 4 시험 구성

| 유형 | | 문항수 |
|---|---|---|
| 1 | 뉴스 / 광고 (News / Advertisements) | 담화 1개당 2문항 |
| 2 | 강의 / 발표 (Lectures / Presentations) | |
| 3 | 공지 / 일정 (Announcements / Schedules) | |
| | 총 3개 유형 | 총 4문항 |

① 26-30번까지 2지문 총 4문항 (담화 1개당 2문항)으로 구성된다.

② 비교적 긴 한 사람의 담화문을 듣고, 뒤 따라 나오는 질문에 가장 알맞은 답을 고르는 문항이다.

③ 담화문은 두 번씩 들려주며, 담화문이 끝나면 질문을 한 번 읽어준다. 질문과 선택지는 문제지에 인쇄되어 나온다.

## Part 4 담화 세부 주제

| 뉴스 / 일기 예보 | News, Traffic News, Forecasts, ... |
|---|---|
| 광고 | Advertisements, Coupons, Opening Events, Product Demos, ... |
| 강의 / 발표 | Lectures, Presentations, ... |
| 공지 | Event Announcements, Emergencies, ... |
| 일정 | Airport Departure / Arrival Schedules, Tour Schedules, ... |

## 토셀쌤의 친절한 Part 4 조언

**1 질문과 선택지 미리 살펴보기**

긴 담화문을 듣고 필요한 정보를 추려내는 능력을 측정하는 파트이기 때문에 Part 3와 문제 접근 방식은 비슷합니다. 즉, 담화를 듣기 전 질문과 선택지를 먼저 살펴보는 전략적 듣기가 필요하다는 의미입니다. 다만, Part 3와 달리 1개의 지문에 2개의 질문이 나오기 때문에 좀 더 순발력 있고 숙련된 훑어보기 능력이 필요합니다. 하지만 어렵게 느낄 필요는 없습니다. 핵심만 파악하면 되는 준비 단계로 모든 내용을 기억하려고 애쓸 필요는 없습니다. 다음의 예를 볼까요?

**ex** Q. What caused the fire alarm at the airport?

이 질문을 읽고 'cause', 'fire alarm', 'airport'라는 핵심어를 파악하면 '공항에서 화재 경보가 울린 사건을 언급하겠구나' 짐작할 수 있습니다. 이렇게 예상한 내용이 담화문에 나오기를 기대하고 확인하는 것은 핵심 내용 파악 및 문제 풀이에 큰 도움이 됩니다.

**ex** Q. What is the man worried about?

이 질문을 읽고 'worried'라는 핵심어를 파악하면 구체적으로 무슨 내용이 나올 지는 몰라도, '남자가 어떤 것에 관해 걱정하겠구나'라고 예상할 수 있습니다. 이를 바탕으로 담화문을 들으면 남자의 걱정에 관해 들어야 한다는 목적이 생기기 때문에 더 효율적인 듣기를 할 수 있습니다.

**2 담화문의 주제 파악하기**

담화문은 대개 하나의 주제를 바탕으로 구성됩니다. 예를 들어 담화문이 "다람쥐의 일생"을 다루는 발표문이라면, 갑자기 끝부분에서 "돌고래의 생애"를 이야기하는 일은 없습니다. 담화문의 주제는 보통 초반부에 제시되므로, 담화문의 앞부분에 특히 더 집중해야 합니다. 주제를 파악하지 못하면 전체 흐름의 파악이 어려워질 수 있기 때문입니다. 반대로 일단 주제를 잘 파악하면 담화문을 이해하기 더 쉽다는 것이겠죠?

**3 긴 담화문과 친해지기**

Part 4는 한 사람이 오랫동안 한 주제에 대해 이야기하는 담화인만큼 학생들이 가장 부담스러워할 수도 있습니다. 따라서 담화문의 긴 호흡을 받아들일 수 있는 청해 능력을 길러야 합니다. 이를 위해서 1) 본 교재의 음원을 시작으로 긴 담화를 '직청직해'하여 끊어 듣고 이해하는 연습, 2) 담화문을 들으면서 동시에 입으로 직접 내뱉는 쉐도잉 학습, 3) 수업을 들을 때 필기를 하는 것처럼 나름대로 메모 (note-taking) 습관을 들이는 등 다양한 학습 전략을 활용할 필요가 있습니다.

# 1. News / Advertisements

| | | |
|---|---|---|
| 뉴스 | 1 | **방송 보도나 기사**의 형태로 기상, 환경, 사회 문제 등 다양한 주제를 다루는 담화문입니다. 경제 뉴스, 지역 뉴스, 라디오 방송, 교통 방송, 일기 예보 등 다양한 유형이 출제됩니다. |
| | 2 | 뉴스 담화문은 대개 '(프로그램 소개) - 보도 내용의 주제 - 세부 내용 - (마무리 멘트)'의 구조로 짜여 있습니다. |
| 광고 | 1 | (신)제품 광고, 서비스 광고, 할인 광고, 행사 광고 등의 다양한 내용의 담화문이 출제됩니다. |
| | 2 | 광고 담화문은 대개 '주의를 끄는 광고 멘트 - 광고의 대상 - 광고 제품의 특징, 장점, 할인 정보, 추가 정보 등'의 구조로 짜여있습니다. 여기서 주의를 끄는 광고 멘트란 "Here we have a hot deal …", "Are you sick of boring lessons?"처럼 광고에 이목을 끌기 위한 상업용 문구를 뜻합니다. |
| | 3 | 제품이나 서비스의 **할인 정보**가 나온 경우 **할인 기간**을 알리는 것으로 광고를 마무리 짓는 경우가 있습니다. |

| 질문 형태 | |
|---|---|
| 뉴스 관련 질문 형태 | What will the weather be like tomorrow?<br>According to the news report, why did the building shut down? |
| 광고 관련 질문 형태 | Who is this advertisement targeting?<br>What can you do to get a discount? |

## STEP 1 》 Example

🎧 Track 4-1-01

Q. What do people do at this business?

(A) take a rest
(B) buy furniture
(C) destroy objects
(D) knock down buildings

Q. 사람들은 이 업체에서 무엇을 하는가?

(A) 휴식하기
(B) 가구 사기
(C) 물건 부수기
(D) 건물 철거하기

질문을 먼저 보니 무슨 업종에 관한 것인지 묻고 있습니다. 그러니 담화문 속에서 어떤 업종이 분명히 소개될 것이고, 그 업종에서 무슨 일을 하는지 눈여겨봐야 하겠네요.

선택지를 보니 모두 짤막하게 핵심어로만 구성돼 있습니다. 그렇다면 이제 담화문을 들어봅시다.

M: <u>Do you have lots of stress after a long day of work? Is studying for exams tiring you out? Or maybe you just want to let off steam. Here at RageKage Inc. we want to help you do just that.</u> Come into any of our locations to break plates, furniture, appliances, and lots more. Fees charged by the minute, with many different tools to smash with. You'll leave feeling relaxed and stress-free or your money back!

남: 기나긴 하루 일을 마치고 스트레스를 많이 받나요? 시험공부로 녹초가 됐나요? 아니면 그냥 열기를 발산하고 싶을지도 모르겠습니다. 여기 RageKage Inc.에서 여러분이 바로 그걸 하도록 도와드립니다. 저희 지점 아무 데나 방문하셔서 그릇, 가구, 가전제품 등 많은 걸 깨부수세요! 요금은 분 단위로 부과되며, 부수는데 사용할 다양한 많은 도구가 포함돼있습니다. 편안하고 스트레스가 해소된 상태로 매장을 나가실 수 있을 겁니다 아니면 돈을 돌려드립니다!

### 토셀쌤의 시범 풀이

담화문을 들어보니 전형적인 광고문의 형식을 띠고 있습니다.

(1) 처음 세 문장 'Do you~?', 'Is studying ~?', 'Or maybe you want ~'는 주의를 끌며 업종의 기능을 암시하기도 하는 광고성 멘트입니다.

(2) 그 다음 "Here at RageKage Inc. ~'라며 우리가 주목해야 할 업종의 이름이 제시됩니다.

(3) 아마 다음 내용에 RageKage Inc.에서 무슨 일을 하는지 세부내용이 언급되겠죠? '~ to break plates, furniture, appliances, and lots more', '~ with many different tools to smash with' 등으로 보아 스트레스 해소를 위해 고객들이 물건을 때려부술 수 있는 장소를 운영하는 업종이네요. 따라서 (C)가 정답입니다. 오답 선택지를 확인하며 마무리합시다.

(A): 앞부분 광고성 멘트와의 연관성을 염두에 두고 구성된 오답입니다.

(B): 본문에 언급된 'plates', 'furniture', 'appliances' 등과의 연관성을 이용한 오답입니다.

(D): 'break'와 'knock down'의 연관성을 이용한 오답입니다.

**[어휘]** tire out 녹초가 되게 만들다 | let off ~을 발산하다 | steam 열기 | appliance (가정용) 기기, 가전제품 | charge (요금을) 청구하다 | smash 때려 부수다, 박살 내다 | stress-free 스트레스 없는 (cf.-free ~가 없는, ~을 면한) | knock down 철거하다, 때려 부수다　　정답: (C)

## STEP 2 ≫ Pattern Practice

[1-2]

1. What is this news report about?

(A) a zoo
(B) an airport
(C) a ski slope
(D) an amusement park

2. According to the report, what is NOT true?

(A) The walruses were very small and light.
(B) It is first time that walruses were spotted there.
(C) Birds and bears have been spotted there before.
(D) Four walruses were found earlier in the morning.

---

W: We are happy to report that flights at the Catalina Airport are now back on schedule. Earlier this morning flights to and from the airport were delayed because a family of 4 walruses were resting on the runway. The walruses were nearly 500 lbs each and needed to be moved off the runway using snow plows. The airport has seen many birds and bears before, but these were the first walruses ever spotted here.

여: Catalina 공항의 항공편이 이제 예정대로 운행될 것임을 알려드리게 되어 기쁩니다. 오늘 아침 일찍 네 마리의 바다코끼리 가족이 활주로에서 쉬고 있는 바람에 공항을 오가는 항공편이 지연되었습니다. 바다코끼리 가족은 무게가 각각 500파운드(약 227kg) 가까이 나갔고 제설차를 이용하여 활주로 밖으로 옮겨져야 했습니다. 공항에서 그동안 새와 곰은 많이 목격했지만, 이들은 이곳에서 처음으로 발견된 바다코끼리들이었습니다.

---

1. 무엇에 관한 뉴스 보도인가?

(A) 동물원
(B) 공항
(C) 스키장
(D) 놀이 공원

2. 보도에 따르면, 사실이 아닌 것은 무엇인가?

(A) 바다코끼리들은 매우 작고 가벼웠다.
(B) 바다코끼리들이 그곳에서 발견된 건 처음이다.
(C) 새와 곰은 전에 그곳에서 발견된 적이 있다.
(D) 바다코끼리 네 마리가 아침 일찍 발견되었다.

[풀이] 1. 질문을 보면 해당 담화는 뉴스 보도임을 알 수 있습니다. 무엇에 관한 보도인지 주제를 묻고 있으므로 처음부터 집중하며 전반적인 맥락을 파악해야 합니다. 담화문의 첫 문장을 보니 'We are happy to report that flights at the Catalina Airport are now back on schedule.'이라며 항공편이 다시 정상 운영한다는 주제문을 전달하고 있습니다. 그다음 전반적인 내용도 항공편이 지연된 전후 사정을 다루고 있으니 (B)가 정답입니다. (A)의 경우, 'walruses', 'birds', 'bears'를 이용해 혼동을 유도한 오답입니다.

2. 일치/불일치 문제로, 선택지의 길이가 제법 길기 때문에 핵심어를 미리 파악하고 있는 것이 좋습니다. 'walruses', 'birds', 'bears'와 같은 동물 단어가 중요하겠습니다. 세 번째 문장을 들어보면 'The walruses were nearly 500 lbs each ~'라고 하였는데, 여기서 활주로를 차지하고 있던 바다코끼리 가족이 크기가 작고 가볍다고 보기는 어렵습니다. 따라서 (A)가 정답입니다. (B), (C)의 경우 마지막 문장에서, (D)의 경우 두 번째 문장에서 찾을 수 있는 내용이므로 맞는 설명이 돼 오답입니다.

[어휘] flight 항공편, 항공기; 여행, 비행 | on schedule 예정대로, 시간표대로 | walrus 바다코끼리 | snow plow 제설차[기], 눈치는 넉가래 | spot 발견하다, 찾다; 장소, 자리 | slope 경사지, 비탈

정답: 1. (B)  2. (A)

🎧 Track 4-1-03

[1-2]

1. What is this advertisement for?

(A) a restaurant
(B) a breakfast food
(C) a school meal plan
(D) a health supplement

2. Who is this ad most likely intended for?

(A) people who want to oversleep
(B) people who do not eat breakfast
(C) people who have a peanut allergy
(D) people who want a flavorful breakfast

🎧 Track 4-1-04

[3-4]

3. What happened to the Lewis parents?

(A) Their son went missing.
(B) Their cat returned home.
(C) Their pet saved their child.
(D) Their yard became full of pets.

4. How long was Nellie away?

(A) two years
(B) three years
(C) two months
(D) three months

# Three Iconic Apples

잘 익은 사과 하나를 아삭아삭 씹어 먹으면munch 상큼하고 달콤한 과즙이 입안으로 쫙 퍼지며 기분이 좋아집니다. 단언컨대 이 달콤한 사과는 인류가 가장 사랑하는 과일 중 하나라 할 수 있습니다. 'An apple a day keeps the doctor away.' (하루 사과 한 개면 의사가 필요 없다.)라는 말이 있을 정도로 건강에 좋은 과일의 대명사로 여겨지며, 눈에 넣어도 아프지 않은 소중한 것을 무려 'apple of my eye'라고 표현합니다. 'The Big Apple'은 세계에서 가장 유명하고 사랑받는 도시 중 하나인 뉴욕 (New York)의 별칭이지요.

사과 중에서도 특별히 인류의 역사에서 아주 유명한 사과들이 있습니다. 과연 무엇일까요? 백설공주가 먹고 쓰러졌던 독사과일까요? 윌리엄 텔이 아들의 머리 위에 올려놓고 명중했던 사과일까요? 글쎄요... 인류의 역사에 한 획을 그었다고 볼 수 있는 아주 상징적인iconic 사과를 다음과 같이 세 개 추려보았습니다.

## 1. Adam and Eve's apple

성경을 보면 인류의 조상인 아담과 이브가 뱀의 교활함에 속아 신의 명령을 어기고 금단의 열매를 따먹게 됩니다. 그 금단의 열매는 서구 사회에서 사과라고 널리 알려져 있지요. 아담과 이브는 이 열매를 먹고 수치심과 같은 감정을 알게 됐고, 둘은 신의 명령을 어긴 죄로 에덴 동산에서 추방되어 슬픔, 불행과 같은 개념이 존재하는 인간 세계에서 고통스럽게 살게됩니다. 그런데 아담과 이브가 사과를 먹으려는 선택을 하고, 그에 따른 책임을 지는 모습은 인간의 호기심과 자유 의지free will를 상징하는 것으로 해석되기도 합니다.

## 2. Newton's apple

물리학자 뉴턴이 사과나무 옆에서 사과가 떨어지는 것을 보며 만유인력에 관한 영감을 얻었다는 이야기는 아주 유명합니다. 이것이 진실인지는 모르겠지만, 뉴턴이 사과 과수원에서 명상을 즐겼다는 건 사실이라고 합니다. 뉴턴은 근대 수학, 근대 과학, 고전 물리학에 지대한 영향을 미친 인물이지요. 따라서 뉴턴의 사과는 근대 과학의 무궁한 발전과 인류의 풍성한 사고력을 상징하는 사과라 할 수 있습니다.

## 3. Steve Jobs's apple

누군가는 마지막으로 현대 미술의 시초라 불리는 화가 세잔의 사과를 떠올리겠지만, 최근 수십 년간 급격히 발달한 IT기술을 생각하면 세계적인 전자기업 애플 (Apple)의 사과를 지나칠 수 없습니다. 애플의 한입 베어먹은 사과 로고는 그 자체로 상징성이 엄청나니 말입니다. 1976년 창립된 애플은 현재 21세기 IT 시장을 선도하는 세계적인 기업으로 자리매김 했습니다. 이제는 우리가 삶의 일부로 너무나도 당연시하는, 각종 첨단 IT기술이 손바닥만한 기계에 집약된 스마트폰을 대중화시키는 데에는 바로 이 애플의 역할이 지대했습니다. 따라서 애플의 사과는 21세기와 미래를 이끌어갈 인류의 IT기술과 그를 향한 인류의 끝없는 탐구력, 인류의 미래를 상징한다고 할 수 있습니다.

## 💡 Pop Quiz!

뉴욕의 별칭은 무엇일까요?

(A) The Big Apple
(B) The Big Pineapple

정답: (A)

# 2. Lectures / Presentations

| 강연 / 발표 | 1 | 주로 전문적이거나 학문적인 지식과 정보를 다루는 담화문입니다. |
|---|---|---|
| | 2 | 보통 초반부에 강연의 주제를 언급하고, 그다음 세부적인 내용이 이어지는 형태로 전개됩니다. |

| 질문 형태 | |
|---|---|
| 강연 / 발표 관련 질문 형태 | What did the speaker say about the Roman theater? <br> Which of the following is not mentioned in the lecture/presentation? <br> What is the best title for the lecture/presentation? <br> According to the lecture, which of the following is true? |

## STEP 1 ≫ Example

🎧 Track 4-2-01

Q. Which is NOT mentioned to help improve air quality?

(A) the Areca palm
(B) the money plant
(C) the oxygen plant
(D) mother-in-law's tongue

Q. 대기질 향상에 도움을 주는 것으로 언급되지 않은 것은 무엇인가?

(A) 아레카 야자
(B) 스킨답서스
(C) 산소 식물
(D) 산세베리아

---

질문을 먼저 살펴보니 'help improve air quality'라는 핵심어가 눈에 띕니다. 담화문에서 대기질을 개선해주는 것들이 나열될 것이라고 짐작할 수 있겠습니다.

선택지를 보니 대기질을 개선해주는 후보군들이 나와있습니다. 이중 대다수는 담화문에서 언급이 되겠죠? 이러한 점을 파악하고 대화를 들어봅시다.

M: Cities have some of the worst air quality on the planet. However, there are three plants that can increase the quality of indoor air in city buildings. These plants are the Areca palm, mother-in-law's tongue, and the money plant. Without being outside, they can efficiently make all of the oxygen you need and remove many toxins from the air. With these plants in every building, the health of the average city person would improve greatly.

남: 도시들은 지구상에서 가장 나쁜 대기 상태를 가지고 있습니다. 하지만, 도시 건물의 실내 공기질을 개선할 수 있는 식물 세 가지가 있습니다. 이 식물들은 아레카 야자, 산세베리아, 크라슐라 오보베이타입니다. 바깥에 두지 않아도, 이 식물들은 효율적으로 필요한 모든 산소를 생성해내고 공기 중에 있는 많은 독소를 제거할 수 있습니다. 이 식물들을 건물마다 안에 두면, 일반 도시인들의 건강 상태가 크게 개선될 것입니다.

### 토셀쌤의 시범 풀이

초반부 주제문이 제시되는 경우가 많다고 했었죠? 해당 담화문을 들어보니 첫 문장은 도입부이며, 두 번째 문장에서 주제문이 등장하고 있습니다.

(1) 주제문을 보니 다음에 그 3가지 식물을 언급할 것임을 알 수 있습니다. 여기서 'increase the quality of indoor air'가 paraphrasing되어 질문에서는 'improve air quality'라고 표현된 것도 유의하기 바랍니다.

(2) 역시나 바로 다음 세 번째 문장에서 대기질을 향상시켜주는 식물 3가지가 나열됩니다. 따라서 여기에 포함되지 않은 (C)가 정답입니다. (C)는 'air'나 'air quality'와의 연관성을 이용해 혼동을 유도한 것이었습니다. 나머지 담화문을 살펴보면 네 번째 문장에서 이 3가지 식물이 왜 대기질 향상에 좋은지 세부 내용을 덧붙이고, 마지막 문장에서 다시 한 번 주제를 강조하여 결론에 이르며 담화를 끝마치고 있습니다.

**[어휘]** quality 품질; 특성, 특징 | indoor 실내의, 실내용의 | Areca palm 아레카 야자 | mother-in-law's tongue 산세베리아 | money plant 크라슐라 오보베이타 | average 보통의, 평범한; 평균의

정답: (C)

## STEP 2 ≫ Pattern Practice

🎧 Track 4-2-02

[1-2]

**1.** What is the main idea of the presentation?

(A) the human body is mostly water

(B) humans have traditionally lived near water

(C) humans should drink 2 liters of water daily

(D) the human body can survive three days without water

**2.** According to the passage, what percentage of the human brain is water?

(A) 22

(B) 60

(C) 75

(D) 92

---

W: So in today's presentation, we're going to be learning about water in the body. Not many people realize this, but more than 60 percent of the human body is water. Our blood is almost 92 percent water. The muscles are about 75 percent water, and so is the brain. Even those seemingly dry bones we have are still approximately 22 percent water. So in sum, we humans are watery beings.

여: 그래서 오늘 발표에서는, 체내 수분에 대해 알아보려고 합니다. 많은 사람이 이를 깨닫지 못하지만, 인체의 60%가 넘는 부분이 수분입니다. 우리의 혈액은 거의 92%가 수분이고요. 근육은 75% 정도가 수분이고, 뇌 또한 그러합니다. 심지어 얼핏 메말라 보이는 뼈들도 여전히 약 22%가 수분이랍니다. 그러니 요약하자면, 우리 인간은 물로 가득한 존재입니다.

---

1. 이 발표의 요지는 무엇인가?

(A) 인체는 대부분 수분이다

(B) 인간은 전통적으로 물 근처에서 살아왔다

(C) 인간은 매일 2리터의 물을 마셔야 한다.

(D) 인체는 물 없이 3일을 버틸 수 있다.

2. 본문에 따르면, 인간 뇌의 몇 %가 물인가?

(A) 22

(B) 60

(C) 75

(D) 92

---

**[풀이]** 1. 선택지를 보니 'humans', 'water' 핵심어가 계속 등장하고 있네요. 역시나 담화문의 초반부에서 '신체 내의 수분'이라는 발표의 주제가 드러나고 있습니다. 발표 대부분은 몸의 각 부분이 몇 %의 수분으로 이루어져 있는지 세부사항으로 구성되어 있고, 마지막에 'So in sum, we humans are watery beings.'라며 요약과 함께 발표가 마무리되고 있습니다. 따라서 (A)가 정답입니다. 'So in sum'(그래서 요약하자면)과 같은 표현은 그 뒤에 주제나 요지가 나오기 때문에 더욱 주의해서 들어야 합니다.

2. 질문의 핵심어 'human brain'에 집중하며 발표문을 들어야겠습니다. 중간에 'The muscles are about 75 percent water, and so is the brain.'이라고 했으니 인간의 뇌는 근육처럼 75%의 수분으로 이루어져 있음을 알 수 있습니다. 따라서 (C)가 정답입니다.

**[어휘]** seemingly 외견상으로, 겉보기에는 | approximately 대략, 거의

정답: 1. (A) 2. (C)

🎧 Track 4-2-03

[1-2]

1. What would be the best title for this lecture?

   (A) The Power of Passion
   (B) Secrets to Better Studying
   (C) Success through Creativity
   (D) Encouraging Those around You

2. According to the lecture, which of the following is true?

   (A) Success is an effortless task.
   (B) Passion is distracting to others.
   (C) Following your passion helps motivation.
   (D) It is important to stop when something is difficult.

🎧 Track 4-2-04

[3-4]

3. What is the best title for the presentation?

   (A) What Makes a Human?
   (B) Hormones: A Healthy Activity
   (C) Surprising Benefits of Smiling
   (D) Controlling Stress with Chocolate

4. What is NOT mentioned in the presentation?

   (A) It is healthy to smile.
   (B) Smiling has social uses.
   (C) Stress hormones rise when people smile.
   (D) Emotions can be read when people smile.

# Double Take & Pie Attack

> 슬랩스틱 코미디 (slapstick comedy)는 몸동작을 비롯해 액션을 과장되고 익살스럽게 하여 재미를 유발하는 코미디를 뜻합니다. '슬랩스틱'이란 단어는 16~18세기 유럽에서 성행한 이탈리아 코미디 양식인 코메디아 델라르테 (commedia dell'arte)에서 유래했습니다. 슬랩스틱 (slapstick)은 가장 인기 있었던 캐릭터 할리퀸 (Harlequin)이 들고 다녔던 나무 몽둥으로, 상대방을 때리거나 마법으로 장소를 바꾸는 등 극적이고 과장된 장면에서 주로 쓰였기 때문에 여기서 슬랩스틱 코미디란 말이 파생됐습니다. 그렇다면 슬랩스틱 코미디의 유명한 동작 두 가지를 알아볼까요?

## • Double Take

더블테이크는 놀랍거나 뜻밖이거나 충격적인 것을 보았을 때 한 박자 늦게 반응delayed reaction하는 것을 뜻합니다. 처음에는 놀라워하지 않다가 갑자기 다시 깜짝 놀라거나, 멍하니 있다가 아차 하고 눈을 동그랗게 뜨는 것도 더블테이크라 할 수 있습니다. 구체적인 예를 들어볼까요? 여러분이 스마트폰을 보고 있는데 온몸이 진흙투성이인 친구가 문을 열고 들어옵니다. '안녕', 처음에는 친구를 무심하게 올려다보고 (first) 인사를 한 뒤 다시 스마트폰 화면을 봅니다. 그런데 그 찰나 '지금 내가 뭘 본거지?'라는 생각이 스쳐 지나가고, 곧바로 놀란 토끼 눈을 하고 다시 친구를 휙 올려다봅니다 (second). 여러분은 방금 더블테이크를 한 것do a double take입니다. 20세기 전반을 활보했던 코미디 배우 제임스 핀레이슨 (James Finlayson)이 바로 이 더블테이크의 대가master였습니다.

## • Pie Attack (Pieing)

슬랩스틱 코미디의 'pie in the face' 개그에서 유래한 것으로, 말 그대로 찐득찐득한 파이를 얼굴에 내던지는 행위를 뜻합니다. 예를 들어보겠습니다. 주인공과 주인공의 직장 상사가 있는데 직장 상사가 주인공에게 지루할 정도로 말을 너무 많이 합니다. 주인공은 직장 상사가 말하는 걸 멈추고 싶고 그때 마침 주변에 있던 파이가 눈에 띕니다. 여기서 주인공은 한창 말을 하는 직장 상사 얼굴에 우연인 듯 파이를 내던져 코믹한 상황을 연출합니다. 파이 공격 (Pie Attack)은 20세기 전반 슬랩스틱 코미디 영화에서 종종 등장했습니다. 요새도 생일 파티, 졸업식 등 다양한 행사에서 재미를 위해 파이 공격을 하곤 합니다. 하지만 서로 합의 없이non-consensual하는 파이 공격은 범죄가 될 수도 있으니 명심하기 바랍니다. (갑자기 얼굴에 파이를 뒤집어쓰면 기분이 상당히 불쾌하겠죠? 머리랑 옷도 더러워지고요!)

## 💡 Pop Quiz!

과장되고 우스꽝스러운 액션으로 재미를 유발하는 코미디를 무엇이라고 하나요?

(A) slapstick comedy
(B) snowball comedy

정답: (A)

# 3. Announcements / Schedules

| 공지 | 1 | 박람회, 콘퍼런스 등과 같은 **행사 안내**나 예기치 못한 사고, 위험한 요소 등과 같은 **주의사항**을 안내하는 담화문입니다. |
|---|---|---|
| 일정 | 1 | 회의, 모임, 경기, **행사의 일정**이나 비행기 시간과 같은 **교통수단 일정** 등을 다룹니다. |
| | 2 | 보통 일정은 **시간순으로** 소개됩니다. |

| 질문 형태 | |
|---|---|
| 공지 관련 질문 형태 | Who is this announcement for? <br> What happened to the music practice room? |
| 일정 관련 질문 형태 | What time will the participants get the free gift? <br> When will the next train arrive? <br> According to the announcement, which of the following is true? |

---

## STEP 1 ≫ Example

🎧 Track 4-3-01

Q. Which of the following are <u>campers</u> told to <u>bring</u>?

(A) a tent
(B) a swimsuit
(C) a flashlight
(D) a warm scarf

Q. 다음 중 캠프 참가자들이 가져오라고 하는 것은 무엇인가?

(A) 텐트
(B) 수영복
(C) 손전등
(D) 따뜻한 스카프

---

질문을 보니 'campers', 'bring'이라는 핵심어가 눈에 띕니다. 캠프 참가자들에게 무엇을 가져오라고 하는 내용이 담화문에 나올 것이라 짐작할 수 있겠습니다. 그럼 그 부분에 집중하여 담화문을 들어봅시다.

M: Okay, campers, <u>this is just a quick announcement regarding what you need to bring to summer camp.</u> Obviously, comfortable clothes are a must. But you also need sun protection, including a hat with a wide brim. Sturdy, waterproof footwear is essential because part of each day is spent by the river. Bedding and a towel for the cabin are important, as is a flashlight. Obviously, all toiletries, including a toothbrush, toothpaste, and soap are needed.

남: 좋아요, 캠핑 참가자 여러분들, 여름 캠프에 가져가야 할 목록에 대해 간단히 안내하겠습니다. 당연히, 편안한 옷가지는 필수이고요. 그런데 햇빛 차단도 필요하죠, 챙이 넓은 모자를 포함해서 말이에요. 튼튼하고, 방수되는 신발도 매일 강에서 일정 시간을 보내기 때문에 필수입니다. 오두막집에 쓸 침구랑 수건도 중요합니다, 손전등도 그렇고요. 당연히, 칫솔, 치약, 비누를 포함한 모든 세면도구가 필요합니다.

### 토셀쌤의 시범 풀이

첫 번째 문장은 여름 캠프 참가자들에게 무엇을 가져와야 하는지 안내하는 공지였습니다. 앞으로 무엇을 가져와야 하는지 목록이 나열될 테니 선택지의 단어들과 비교해가며 주의 깊게 들어야겠습니다. 바로 후반부에서 'Bedding and a towel for the cabin are important, as is a flashlight.'라고 언급하고 있습니다. 이는 'flashlight'를 가져오라는 말이니 (C)가 정답입니다.

해당 문장에서 'as is a flashlight'(손전등도 그렇습니다) 부분이 헷갈리시나요? 이 부분은 'a flashlight is as important as they are'(손전등은 그것들과 마찬가지로 중요하다)와 같은 문장을 먼저 떠올린 다음, 여기서 'as'가 앞에 오면서 주어와 동사가 바뀌고 뒤의 'important ~ ' 부분이 생략된 것이라고 보면 됩니다.

[어휘] regarding ~에 관하여 | comfortable 편한, 쾌적한 | must 필수품, 꼭 해야 하는 것 | protection 보호 | brim (모자의) 챙 | waterproof 방수가 되는, 방수의 | footwear 신발(류) | essential 필수적인; 본질적인 | bedding 침구, 잠자리 | cabin 오두막집; 객실, 선실 | toiletry 세면도구, 세면용품

정답: (C)

## STEP 2 >> Pattern Practice

🎧 Track 4-3-02

[1-2]

1. Which of the following would you most likely find at this conference?

   (A) sample music CDs
   (B) collections of poems
   (C) delicious baked snacks
   (D) many types of cartoons

2. What time will the individual creators be introduced?

   (A) 10:00 AM
   (B) 12:00 PM
   (C) 5:00 PM
   (D) 6:00 PM

W: Hello and welcome to the Comic Creators Conference. We have an action-packed day planned for you guys. This morning we are gonna start with the individual creator introductions at 10 AM and then we will move to the viewing room at 12 PM to eat lunch while admiring other creators' work and giving feedback. At around 5 PM we will finish and discuss possible award candidates and then move to the hotel for dinner at 6 PM.

여: 안녕하세요 만화 창작자 학회에 오신 것을 환영합니다. 흥미진진한 하루가 여러분을 위해 기획돼 있습니다. 오늘 아침 10시에 창작자 개별 소개 시간을 시작으로 정오 12시에는 관람실로 이동해 다른 창작자의 작품을 감상하고 의견을 주고받으면서 점심을 먹을 예정입니다. 오후 5시쯤에는 행사를 마치고 수상 후보자들에 대한 논의를 한 다음 오후 6시에 호텔로 이동해 저녁 식사를 할 것입니다.

1. 다음 중 이 학회에서 발견할 수 있는 것으로 가장 적절한 것은 무엇인가?

   (A) 견본 음악 CD
   (B) 시집
   (C) 맛있는 구운 과자
   (D) 많은 종류의 만화

2. 개별 창작자들이 소개되는 시간은 몇 시인가?

   (A) 오전 10시
   (B) 정오 12시
   (C) 오후 5시
   (D) 오후 6시

[풀이] 1. 특정 학회의 일정을 소개하고 있는 담화문입니다. 학회의 이름이 'Comic Creators Conference'이고, 세부 일정에서 언급된 만화 작품 감상 등의 활동을 미루어 보아, 이곳에서 볼 수 있을 가능성이 높은 것은 여러 종류의 만화임을 알 수 있습니다. 따라서 (D)가 정답입니다.

2. 질문을 보니 담화문에서 일정에 관한 정보가 언급된다는 점을 짐작할 수 있습니다. 질문의 핵심어인 'individual creators', 'introduced'에 집중해야겠습니다. 세 번째 문장에서 바로 'we are gonna start with the individual creator introductions at 10 AM'이라고 하고 있으므로 (A)가 정답입니다. 본문의 'introductions'가 품사가 바뀌어 질문에서 'introduced'로 표현된 점도 유념하기 바랍니다.

[어휘] comic 만화책[잡지]; 재미있는, 코미디의 | conference (보통 여러 날 동안 대규모로 열리는) 회의[학회] | action-packed 흥미진진한, 액션이 많은 | packed ~가 꽉 들어찬 | viewing 감상, 보기 | admire 감탄하며 바라보다, 칭찬하다 | candidate 후보자 | collection 수집품, 수집

정답: 1. (D) 2. (A)

Track 4-3-03

[1-2]

1.  What is the warning mainly about?

    (A) stolen artwork
    (B) missing art supplies
    (C) absent club members
    (D) unwashed paintbrushes

2.  What does the man recommend doing?

    (A) staying inside
    (B) labelling supplies
    (C) looking for a thief
    (D) keeping artworks at home

Track 4-3-04

[3-4]

3.  When is a Swedish DJ performing?

    (A) Friday at 9
    (B) Friday at 10
    (C) Saturday at 9
    (D) Saturday at 10

4.  Who plays on Sunday at 7 PM?

    (A) a pop band
    (B) a blues group
    (C) a jazz quartet
    (D) a city symphony

# Earth Hour

때는 3월 마지막 토요일 오후 8시 29분 57초.

째깍-
58초

째깍-
59초

째깍-
땡-

오후 8시 30분이 되자 전 세계 수백만 사람들이 동시에 불을 끕니다. 바로 지구를 위해 1시간 동안 잠시 불을 꺼주는 지구촌 불 끄기 (Earth Hour) 운동에 참여하기 위해서입니다.

국제 환경단체인 세계자연기금 (WWF: World Wide Fund for Nature)은 기후 변화와 환경에 대한 의식을 높이고자 2007년 지구촌 불끄기 운동을 계획하여 시행했습니다. 매년 3월이 끝날 무렵 토요일, 현지 시각으로 오후 8시 30분부터 9시 30분까지 한 시간 동안 모든 전등을 소등하는 것이 지구촌 불 끄기 운동의 주된 활동입니다. 시기를 3월 말로 지정한 이유는 이때쯤 북반구와 남반구 가릴 것 없이 낮과 밤의 길이가 같아지는 춘분이 자리 잡아서였습니다. 전세계 곳곳 비슷한 시각에 밤이 찾아와 지구촌이 한 마음으로 불이 없는 저녁을 맞이하도록 말입니다. 지구촌 불 끄기 운동은 소등 행사뿐 아니라 야생 동물 보호하기, 재생 에너지 토론 등 다양한 환경 프로젝트와도 결부하여 진행하고 있습니다.

지구촌 불 끄기 운동은 2007년 호주의 시드니에서 처음 시작했습니다. 당시 총 약 220만 가구의 가정집과 기업체가 불을 끄며 운동에 참여했습니다. 이듬해 2008년에는 국제적인 운동이 되어 전 세계 35개나 되는 국가에서 총 5000만 명의 사람이 운동에 참여했습니다. 이날 시드니의 하버 브리지, 오페라 하우스, 샌프란시스코의 골든 브리지,

로마의 콜로세움과 같이 이름난 곳도 한뜻으로 저녁을 깜깜하게 수놓았습니다. 불 끄기 운동은 그 이후로도 지구 전역에 걸쳐 여러 명소와 권위있는 기관, 유명 기업체는 물론 많은 개인들이 참여하고 있습니다. 우리나라도 꾸준히 참여하고 있어 2012년에는 남산타워, 63빌딩, 공공기관, 호텔, 일반 가정집 등 63만여 개의 건물을 소등해 1시간 동안 무려 23억 원 상당의 에너지를 절약했습니다.

현재 지구는 급격한 기후 변화와 환경 오염으로 골머리를 앓고 있습니다. 수십 억 지구촌 사람들이 한마음으로 단 1시간이라도 지구에게 건강한 어둠을 선사해주자는 지구촌 불 끄기 운동, 여러분도 한번 참여해보는 건 어떨까요? 유난히 깜깜하고 고즈넉한 저녁 길을 거닐며 지구의 환경을 소중히 생각해보는 시간을 가지면서 말이죠.

 **Pop Quiz!**

3월 어느 토요일 오후 8시 반부터 한 시간 동안 전세계적으로 불을 끄는 운동을 무엇이라 할까요?

(A) Earth Hour
(B) Earth Minute
(C) Earth Second

정답: (A)

# Memo

# Memo

# Actual Test

## Section I. Listening & Speaking

정답과 해설 p.29

## SECTION I. Listening and Speaking

In SECTION I, you will be asked to demonstrate how well you understand spoken English. You will have approximately 25 minutes to complete this section. There are 30 questions separated into four parts, and directions are given for each part. You must mark your answers on the answer sheet provided.

## PART 1. Listen and Recognize

**DIRECTIONS:** In this portion of the test, you will hear 6 short conversations. Select the picture from the three choices provided that best matches each conversation. Fill in the corresponding space on your answer sheet. The conversations are not printed in your test booklet and will be played twice.

1.

(A)         (B)         (C)

2.

  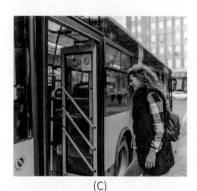

(A)         (B)         (C)

3.

(A)  (B)  (C)

4.

(A)  (B)  (C)

5.

(A)  (B)  (C)

6.

(A)  (B)  (C)

## PART 2. Listen and Respond

**DIRECTIONS:** In this portion of the test, you will hear 10 incomplete conversations. Listen carefully, and choose the best response to the last speaker from the choices provided. Fill in the corresponding space on your answer sheet. The conversations are not printed in your test booklet and will be played twice.

7. What is the best response?

   (A) It won't be fun without you.
   (B) I'm excited to see you there.
   (C) Don't forget to tie your shoes.
   (D) Traveling is my favorite hobby.

8. What is the best response?

   (A) It's older than I am.
   (B) It looked tasty in the ad.
   (C) I'll have dinner ready soon.
   (D) I've got some change here.

9. What is the best response?

   (A) Keep the door open.
   (B) Don't go too quickly.
   (C) We will fix it tomorrow.
   (D) I can play the keyboard well.

10. What is the best response?

   (A) Sure, I'll try to speak louder.
   (B) Sorry, we'll try to keep it quiet.
   (C) Quiet nights at home are my favorite.
   (D) Concerts can be bad for your hearing.

11. What is the best response?

   (A) Did you catch it?
   (B) Try removing the dust.
   (C) Be careful with the cord.
   (D) The hot water is not working?

12. What is the best response?

   (A) I'm not free this weekend.
   (B) Monday classes are boring.
   (C) They serve pizza on Monday.
   (D) I go into work in the afternoon.

13. What is the best response?

   (A) I hate gum on my shoes.
   (B) The left might be worse.
   (C) You should go to the gym.
   (D) You should check your size again.

14. What is the best response?

   (A) Don't order that much.
   (B) I can't make up my mind.
   (C) They are already sold out.
   (D) They have many meat dishes.

15. What is the best response?

   (A) I got another bite.
   (B) I love this spot, too.
   (C) He's my eye doctor.
   (D) They are not many here.

16. What is the best response?

   (A) I try to recycle often.
   (B) I'd really appreciate it.
   (C) I'm opening a new store.
   (D) I don't know what they are.

# PART 3. Short Conversations

**DIRECTIONS:** In this portion of the test, you will hear a series of 10 short conversations. Choose the correct answer for each question from the choices provided and fill in the corresponding space on your answer sheet. The conversations are not printed in your test booklet and will be played twice.

17. What will the man most likely do next?

   (A) order flowers
   (B) cancel the order
   (C) order at another time
   (D) ask for another type of flower

18. What are the people talking about?

   (A) a lost cat
   (B) a new pet
   (C) a hurt animal
   (D) a dangerous dog

19. What is the boy's problem?

   (A) His phone is broken.
   (B) He can't contact his friend.
   (C) He can't find his old phone.
   (D) His mom took away his phone.

20. Where would this conversation most likely occur?

   (A) in an airport
   (B) at a family dinner
   (C) in an English class
   (D) in a company office

21. What does the woman offer to help the man with?

   (A) buying a present
   (B) choosing clothes
   (C) folding his laundry
   (D) finding work at the mall

22. According to the dialogue, which of the following is true?

   (A) The woman did not have fun.
   (B) The man picks berries very often.
   (C) There are many rules at the berry farm.
   (D) It was the woman's first time berry-picking.

23. What mostly likely is the man's job?

   (A) sales clerk
   (B) airport security
   (C) pilot for an airline
   (D) museum employee

24. Where did the man get the sauce?

   (A) from his own shop
   (B) from an online store
   (C) from a give-away event
   (D) from a food eating contest

25. What does the man mean by "No kidding"?

   (A) He does not like jokes.
   (B) He does not like traveling.
   (C) He also traveled to Asia recently.
   (D) He also wants a break from school.

26. Why is the woman inviting the man to go?

   (A) She wants someone to go with.
   (B) She wants him to meet new friends.
   (C) She wants to get some of his snacks.
   (D) She wants to get him interested in movies.

# PART 4. Talks

**DIRECTIONS:** In this portion of the test, you will hear 2 talks. Listen carefully to each talk and answer the questions in your test booklet by choosing the best answer from the choices provided. Fill in the corresponding space on your answer sheet. The talks are not printed and will be played twice.

[27-28]

27. How many workshops does the ice cream laboratory offer?

    (A) 1
    (B) 2
    (C) 3
    (D) 4

28. According to the announcement, what can you do at the Flavor Factory?

    (A) make diet ice cream
    (B) join an ice cream eating club
    (C) make a new ice cream flavor
    (D) send ice cream across the world

[29-30]

29. What is a fossil?

    (A) a type of animal
    (B) a preserved organism
    (C) an old style of window
    (D) an environmental change

30. What is NOT mentioned as something that can be learned about from fossils?

    (A) evolution
    (B) our planet
    (C) endangered animals
    (D) changes in the environment

## This is the end of the TOSEL Actual Test. Thank you.

# 국제영어능력인증시험 (TOSEL)

**HIGH JUNIOR**

국제토셀위원회

| 한글이름 | | 감독확인 |
|---|---|---|

**수 험 번 호**

(1)

(2)

## SECTION I

| 문항 | A B C D | 문항 | A B C D | 문항 | A B C D |
|---|---|---|---|---|---|
| 1 | Ⓐ Ⓑ Ⓒ | 16 | Ⓐ Ⓑ Ⓒ Ⓓ | 31 | Ⓐ Ⓑ Ⓒ Ⓓ |
| 2 | Ⓐ Ⓑ Ⓒ | 17 | Ⓐ Ⓑ Ⓒ Ⓓ | 32 | Ⓐ Ⓑ Ⓒ Ⓓ |
| 3 | Ⓐ Ⓑ Ⓒ | 18 | Ⓐ Ⓑ Ⓒ Ⓓ | 33 | Ⓐ Ⓑ Ⓒ Ⓓ |
| 4 | Ⓐ Ⓑ Ⓒ | 19 | Ⓐ Ⓑ Ⓒ Ⓓ | 34 | Ⓐ Ⓑ Ⓒ Ⓓ |
| 5 | Ⓐ Ⓑ Ⓒ | 20 | Ⓐ Ⓑ Ⓒ Ⓓ | 35 | Ⓐ Ⓑ Ⓒ Ⓓ |
| 6 | Ⓐ Ⓑ Ⓒ Ⓓ | 21 | Ⓐ Ⓑ Ⓒ Ⓓ | 36 | Ⓐ Ⓑ Ⓒ Ⓓ |
| 7 | Ⓐ Ⓑ Ⓒ Ⓓ | 22 | Ⓐ Ⓑ Ⓒ Ⓓ | 37 | Ⓐ Ⓑ Ⓒ Ⓓ |
| 8 | Ⓐ Ⓑ Ⓒ Ⓓ | 23 | Ⓐ Ⓑ Ⓒ Ⓓ | 38 | Ⓐ Ⓑ Ⓒ Ⓓ |
| 9 | Ⓐ Ⓑ Ⓒ Ⓓ | 24 | Ⓐ Ⓑ Ⓒ Ⓓ | 39 | Ⓐ Ⓑ Ⓒ Ⓓ |
| 10 | Ⓐ Ⓑ Ⓒ Ⓓ | 25 | Ⓐ Ⓑ Ⓒ Ⓓ | 40 | Ⓐ Ⓑ Ⓒ Ⓓ |
| 11 | Ⓐ Ⓑ Ⓒ Ⓓ | 26 | Ⓐ Ⓑ Ⓒ Ⓓ | 41 | Ⓐ Ⓑ Ⓒ Ⓓ |
| 12 | Ⓐ Ⓑ Ⓒ Ⓓ | 27 | Ⓐ Ⓑ Ⓒ Ⓓ | 42 | Ⓐ Ⓑ Ⓒ Ⓓ |
| 13 | Ⓐ Ⓑ Ⓒ Ⓓ | 28 | Ⓐ Ⓑ Ⓒ Ⓓ | 43 | Ⓐ Ⓑ Ⓒ Ⓓ |
| 14 | Ⓐ Ⓑ Ⓒ Ⓓ | 29 | Ⓐ Ⓑ Ⓒ Ⓓ | 44 | Ⓐ Ⓑ Ⓒ Ⓓ |
| 15 | Ⓐ Ⓑ Ⓒ Ⓓ | 30 | Ⓐ Ⓑ Ⓒ Ⓓ | 45 | Ⓐ Ⓑ Ⓒ Ⓓ |

## SECTION II

| 문항 | A B C D | 문항 | A B C D | 문항 | A B C D |
|---|---|---|---|---|---|
| 31 | Ⓐ Ⓑ Ⓒ Ⓓ | 46 | Ⓐ Ⓑ Ⓒ Ⓓ | 61 | Ⓐ Ⓑ Ⓒ Ⓓ |
| 32 | Ⓐ Ⓑ Ⓒ Ⓓ | 47 | Ⓐ Ⓑ Ⓒ Ⓓ | 62 | Ⓐ Ⓑ Ⓒ Ⓓ |
| 33 | Ⓐ Ⓑ Ⓒ Ⓓ | 48 | Ⓐ Ⓑ Ⓒ Ⓓ | 63 | Ⓐ Ⓑ Ⓒ Ⓓ |
| 34 | Ⓐ Ⓑ Ⓒ Ⓓ | 49 | Ⓐ Ⓑ Ⓒ Ⓓ | 64 | Ⓐ Ⓑ Ⓒ Ⓓ |
| 35 | Ⓐ Ⓑ Ⓒ Ⓓ | 50 | Ⓐ Ⓑ Ⓒ Ⓓ | 65 | Ⓐ Ⓑ Ⓒ Ⓓ |
| 36 | Ⓐ Ⓑ Ⓒ Ⓓ | 51 | Ⓐ Ⓑ Ⓒ Ⓓ | | |
| 37 | Ⓐ Ⓑ Ⓒ Ⓓ | 52 | Ⓐ Ⓑ Ⓒ Ⓓ | | |
| 38 | Ⓐ Ⓑ Ⓒ Ⓓ | 53 | Ⓐ Ⓑ Ⓒ Ⓓ | | |
| 39 | Ⓐ Ⓑ Ⓒ Ⓓ | 54 | Ⓐ Ⓑ Ⓒ Ⓓ | | |
| 40 | Ⓐ Ⓑ Ⓒ Ⓓ | 55 | Ⓐ Ⓑ Ⓒ Ⓓ | | |
| 41 | Ⓐ Ⓑ Ⓒ Ⓓ | 56 | Ⓐ Ⓑ Ⓒ Ⓓ | | |
| 42 | Ⓐ Ⓑ Ⓒ Ⓓ | 57 | Ⓐ Ⓑ Ⓒ Ⓓ | | |
| 43 | Ⓐ Ⓑ Ⓒ Ⓓ | 58 | Ⓐ Ⓑ Ⓒ Ⓓ | | |
| 44 | Ⓐ Ⓑ Ⓒ Ⓓ | 59 | Ⓐ Ⓑ Ⓒ Ⓓ | | |
| 45 | Ⓐ Ⓑ Ⓒ Ⓓ | 60 | Ⓐ Ⓑ Ⓒ Ⓓ | | |

### 주의사항

1. 수험번호 및 답안은 검은색 사인펜을 사용해서 <보기>와 같이 표기합니다.
   <보기> 바른표기 : ●  틀린표기 : ⊗ ⊙ ◑
2. 수험번호(1)에는 아라비아 숫자로 쓰고, (2)에는 해당란에 ● 표기합니다.
3. 답안 수정은 수정테이프로 흔적을 깨끗이 지웁니다.
4. 수험번호 및 답안 작성란 이외의 여백에 낙서를 하지 마시기 바랍니다. 이로 인한 불이익은 본인 책임입니다.
5. 마킹오류로 채점 불가능한 답안은 0점 처리되오니, 이점 유의하시기 바랍니다.

# TOSEL
# 유형분석집

# APPENDIX &
# ANSWERS

## HIGH JUNIOR

Section I.
Listening & Speaking

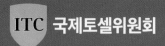

# TOSEL
# 유형분석집

# APPENDIX

# Part 1 | Listen and Recognize

| | | | |
|---|---|---|---|
| a (great) sense of fashion | (멋진) 패션 감각 | miss a step | 발을 헛디디다 |
| allow A to B | A가 B 하도록 허락하다 | on crutches | 목발을 짚은 |
| as a result | 결과적으로 | package | n. 상자; 포장물 |
| battery | n. 건전지, 배터리 | photographic memory | (머릿속에 사진을 찍듯 상세히 기억하는) 정확한 기억력 |
| brand | n. 상표, 브랜드 | pro | n. 프로 (선수) |
| burn | v. 타다, 태우다; (불이) 타오르다 | properly | adv. 제대로, 적절히 |
| canned | adj. (식품이) 통조림으로 된 | pull a tooth | v. 이를 뽑다, 이를 빼다 |
| cleanser | n. 세안제, 클렌저 | regular | adj. 보통의; 규칙적인 |
| clothes | n. 옷, 의복 | repeat | v. (말글로) 반복하다, 한번 더[거듭] 말하다 [쓰다] |
| depressed | adj. 우울한, 침체된 | replace | v. 교체하다, 대신하다 |
| do tricks | 개인기를 하다, 재주[묘기]를 부리다 | set the table | 식탁을 차리다 |
| drop | v. (잘못해서) 떨어뜨리다[떨어지다] | slip | v. 미끄러지다 |
| error | n. 오류 | switch | v. 바꾸다, 전환하다 |
| expiration date | n. 유통기한 | take | v. (얼마의 시간이) 걸리다 |
| foam | v. 거품을 일으키다; n. 거품 | toothache | n. 치통 |
| function | v. 기능하다[작용하다]; n.기능 | totally | adv. 완전히, 전적으로 |
| incredible | adj. 믿을 수 없는, 믿기 힘든 | vaccination | n. 백신[예방] 접종 |
| instead | adv. 대신에 | virtual | adj. 가상의; 사실상의, 거의 |
| iron | v. 다리미질을 하다; n. 다리미 | virtual reality | 가상 현실 |
| itchy | adj. 가려운, 가렵게 하는 | work | v. 효과가 있다; 일하다 |
| memorize | v. 암기하다 | | |

# Part 2 | Listen and Respond

| | | | |
|---|---|---|---|
| a fan of | ~을 좋아하다, ~의 팬이다 | book report | 감상문, 독후감 |
| a good call | 좋은 결정, 잘한 일 | brand new | 완전 새것의, 최신의 |
| a long shot | 거의 승산이 없는 | break | n. 휴식(시간) |
| adorable | adj. 사랑스러운 | cabinet | n. 캐비닛, 보관장 |
| appreciate | v. 고마워하다; 환영하다 | cause | 대의명분, 이상; 원인, 이유 |
| as much as | ~정도까지 많이; ~못지않게 | close-minded | adj. 편협한, 속이 좁은; 보수적인, 완고한 |
| assignment | n. 과제, 임무; 배정, 배치 | come out | 나오다 |
| be in trouble | 곤경에 처하다 | compare apples and oranges | 전혀 다른 것들을 비교하다 |
| beat | v. 이기다; 더 낫다 | concentrate | v. 집중하다 |
| blush | v. 얼굴을 붉히다; ~에 부끄러워하다 | diligent | adj. 근면한, 성실한 |

| directly | adv. 곧장, 똑바로 |
| --- | --- |
| disappoint | v. 실망하게 하다, 실망을 안겨 주다 |
| distract | v. 집중이 안되게 하다, (주의를) 딴 데로 돌리다 |
| dresser | n. 서랍장, 드레서 (옷을보관하는 데 사용되는 서랍이 달린 침실용 가구); [형용사와 함께 쓰여] ~하게 옷을 입는 사람 |
| driving factor | 원동력 |
| easy going | adj. 느긋한, 태평스러운 |
| embarrassed | adj. 쑥스러운, 어색한, 당황스러운 |
| fail | v. (시험에) 떨어지다, 불합격하다; 실패하다 |
| fantasy | n. (기분 좋은) 공상[상상] |
| fiction | n. 소설; 허구 |
| forgetful | adj. 잘 잊어버리는, 건망증이 있는 |
| freezer | n. 냉동고 |
| fridge | n. 냉장고 |
| gap | n. 틈, 구멍, 간격 |
| get back | 다시 돌아가다 |
| give (something) away | ~을 선물로 주다[기부하다] |
| grade | n. 성적, 학점; 등급, 품질; v. 성적[학점]을 매기다 |
| hall | n. (건물 입구 안쪽의) 현관; (건물 안의) 복도 |
| heads up | 알림, 경계, 경고, 주의 |
| historical | adj. 역사적, 역사상의 |
| ignore | v. 무시하다 |
| issue | n. (논의논쟁의 중요한) 주제[안건], 쟁점, 사안 |
| keychain | n. 열쇠고리 |

| lately | adv. 최근에, 얼마 전에 |
| --- | --- |
| mind | v. 상관하다, 신경쓰다 |
| necessary | adj. 필요한 |
| New Year's resolution | 새해결심 |
| novel | n. (장편) 소설 |
| on sale | 할인 중인; 판매되는 |
| paradox | n. 역설 |
| prefer | v. ~을 (더) 좋아하다 |
| promise | v. 약속하다; n. 약속 |
| race | n. 경주, 달리기(시합) |
| realistic | adj. 실제 그대로의; 현실적인, 현실을 직시하는 |
| relaxing | adj. 마음을 느긋하게 해 주는, 편한 |
| repair | n. 수리, 보수, 수선; v. 수리하다 |
| resolution | n. 다짐, 결심; 결단력 |
| responsible | adj. 책임지고 있는, 책임이 있는 |
| routine | n. 루틴(규칙적으로 하는 일의 통상적인 순서와 방법), 틀, 일상 |
| show | n. (텔레비전, 라디오 등의) 프로 [프로그램] |
| slip | v. 미끄러지다, 넘어지다 |
| strict | adj. (규칙 등이) 엄격한[엄한] |
| switch seats | 자리를 바꾸다 |
| take a break | 잠시 휴식을 취하다 |
| take off | v. ~(동안)을 쉬다; (옷 등을) 벗다[벗기다] |
| take-out | n. (요리나 음식을) 사서 가는 것, 테이크 아웃 |
| thoughtful | adj. 사려 깊은, 생각에 잠긴 |
| through | adv. 끝낸; prep. ~을 통해 |
| unexpected | adj. 예기치 않은, 뜻밖의 |
| what if~? | ~면 어쩌지, 어떻게 할까? |

# Part 3 | Short Conversations

| absolutely | adv. 전적으로, 틀림없이 |
| --- | --- |
| admit | v. (무엇이 사실임을 마지못해) 인정[시인]하다 |
| after all | (예상과는 달리) 결국에는; 어쨌든 |

| anniversary | n. 기념일 |
| --- | --- |
| annoyed | adj. 짜증이 난, 약이 오른 |
| appear | v. ~인 것 같다 |
| appointment | n. (특히 업무 관련) 약속; 임명, 지명 |

| | | | |
|---|---|---|---|
| arcade | n. 오락실, 아케이드 | enroll in | ~에 등록하다 |
| arrangement | n. 준비, 마련, 주선 | except | prep. ~을 제외하고는 |
| assign | v. 배정하다, 맡기다 | expand | v. (사업을) 확장하다 |
| back and forth | 왔다 갔다 | expect | n. 기다리다, 기대하다 |
| beat | v. 더 낫다, 능가하다; 이기다 | expert | n. 전문가 |
| behavior | n. 행동, 행실, 태도 | extend | v. 연장하다 |
| boardwalk | (특히 해변이나 물가에) 판자를 깔아 만든 길 | fail | v. 낙제[불합격]시키다; (시험에) 떨어지다; 실패하다 |
| book | v. 예약하다 | favor | n. 호의, 친절 |
| brace | n. 치아교정기; 버팀대 | figure | n. 수치, 숫자; 인물, 사람 |
| brand new | 완전 새것인 | figure out | ~을 이해하다[알아내다] |
| break up | 헤어지다, 끝이 나다 | fill out | (양식/서식 등을) 작성하다 |
| breeze | n. 식은 죽 먹기; 산들바람, 미풍 | firework | n. 폭죽, 불꽃놀이 |
| bruised | 멍든, 타박상을 입은 | fit | v. 적절하다, 맞다, 어울리게 하다 |
| burn | v. 타다, (불이) 타오르다 | fitness | n. 건강, 신체 단련 |
| check it out | 잘 들어봐 | fortune | n. 운, 행운; 재산, 부 |
| chewy | adj. 질긴, 쫄깃쫄깃한, 꼭꼭 씹어야 하는 | frame | n. 틀, 액자, 뼈대 |
| clear | adj. 투명한, 맑은, 분명한 | frozen | adj. 냉동된, 얼어붙은 |
| clerk | n. (회사의) 사무원[직원], (가게의) 점원[직원] | global warming | n. 지구 온난화 |
| clip-on | 클립[핀]으로 고정되는 | go over | ~을 점검[검토]하다 |
| clown | n. 광대, 광대 같은 사람 | Good call. | 좋은 생각이야. |
| coat | n. (표면을 덮고 있는) 칠[도금] | grip | n. 잡는[쥐는] 방식, 움켜쥠 |
| contact | v. 연락하다 | grocery | n. 식료품 잡화점 |
| convenient | adj. 편리한, 간편한 | group text | 단체 문자 |
| count | v. 인정되다, 중요하다; (숫자를) 세다 | holiday season | 크리스마스 (연말) 휴가철 |
| coworker | n. 동료, 협력자, 함께 일하는 사람 | inch | n. 인치 (2.54cm) |
| crash | n. (자동차 충돌·항공기 추락) 사고 | incredibly | adv. 믿을 수 없을 정도로, 엄청나게 |
| customer service | 고객 서비스 | knock on the door | 문을 두드리다 |
| cyclist | n. 자전거 타는 사람, 사이클리스트 | landscape | n. 풍경화, 풍경 |
| deadline | n. 기한, 마감 시간 | leftover | n. (식사 후에) 남은 음식 |
| defensively | adv. 방어적으로; 수동적으로 | let A off A's leash | A의 목줄을 풀어주다 |
| definitely | adv. (강조의 의미로) 분명히[틀림없이]; 절대(로) | log | v. (일지에) 기록하다 |
| delay | v. 지연시키다, 미루다; n. 지연, 지체 | lurch | v. 요동치다, 휘청하다 |
| demand | v. 요구하다 | match | n. 경기, 시합 |
| discipline | n. 규율, 훈육 | mean | adj. 못된, 심술궂은; 보통의, 평균의 |
| download | v. 다운로드하다[내려받다] | medicine | n. 의학, 의술, 의료 |
| downtown | adv. 시내에[로] | membership | n. 회원 (자격) |
| drag on | (너무 오랫동안) 질질끌다[계속되다] | metallic | adj. 금속으로 된 |
| driver's license | 운전 면허증 | microwave | n. 전자레인지 |
| employee | n. 직원, 종업원, 고용인 | minor | adj. 작은, 가벼운 |
| | | miss | v. 놓치다, 지나치다 |

| | |
|---|---|
| need -ing | ~가 필요하다 |
| no wonder | (당연히) ~할 만도 하다, 그도 그럴 것이 ~할 만도 하다 |
| noise | n. 소리, 소음 |
| notice | v. ~을 알아차리다; 주목하다 |
| on the contrary | 그와는 반대로 |
| once in a blue moon | 극히 드물게 |
| overnight | adv. 밤 사이에, 하룻밤 동안 |
| paper | n. 과제물[리포트]; 논문; 서류 |
| pass A over B | A를 B에 넘기다 |
| passenger | n. 승객 |
| patch up | [임시로] 치료하다, ~을 대충 수선하다, 수습하다 |
| paw | n. (동물의 발톱이 달린) 발 |
| pedestrian | n. 보행자 |
| pharmacy | n. 약국 |
| portrait | n. 초상화 |
| professional | adj. 직업의, 전문적인 |
| racket | n. (테니스, 배드민턴 등의) 라켓 |
| receipt | n. 영수증 |
| receive | v. 받다, 받아들이다 |
| refund | n. 환불 |
| register | v. (공식 명부에 이름을) 등록[기재]하다; (계기가 특정한 양을) 기록하다[나타내다] |
| required | adj. 필수의, 요구되는 |
| reserve | v. 예약하다, 따라잡아 두다 |
| ride | n. 탈 것; v. (자전거 등을) 타다 |
| rink | n. 아이스링크, 스케이트장 |

| | |
|---|---|
| schedule | n. 일정[시간 계획]을 잡다 |
| screw | n. 나사 |
| serve | n. 서브 (넣기) |
| shared | adj. 공유의 |
| sink | n. 세면대, 싱크대 |
| step on | ~을 밟다 |
| sticky | adj. 끈적거리는, 달라붙는 |
| stop by | (~에) 들르다 |
| stress out | 스트레스를 받[게하]다 |
| thank goodness | 다행스럽게도 |
| the deal | (일의) 상황 |
| thoroughly | adv. 철저히, 완전 |
| thoughtful | adj. 사려 깊은, 배려심 있는 |
| tighten | v. 조이다, 팽팽하게 하다 |
| tracker | n. 추적기 |
| treat | v. 대접하다, 한턱내다; n. (특히 남을 대접하여 하는[주는]) 특별한 것[선물], 대접, 한턱 |
| turn in | v. 제출하다 |
| turning signal | 방향 지시등, 깜빡이 |
| unfortunately | adv. 불행하게도, 유감스럽게도 |
| useless | adj. 소용 없는, 쓸모 없는 |
| veterinary | adj. 수의과의 |
| wax | v. 왁스를 입히다, 왁스로 광을 내다 |
| whine | v. 징징[칭얼]거리다, 우는소리를 하다 |
| windy | adj. 바람이 많이 부는 |
| work | v. 효과가 있다, 작동하다 |
| yell | v. 소리[고함]치다 |

# Part 4 | Talks

| | |
|---|---|
| absence | n. 부재; 결석, 결근; 결핍 |
| absent | adj. 결석한, 결근한 |
| accidentally | adv. 의도치 않게, 우연히; 잘못하여 |
| action-packed | adj. 흥미진진한, 액션이 많은 |
| admire | v. 감탄하며 바라보다, 칭찬하다 |
| appliance | n. (가정용) 기기, 가전제품 |

| | |
|---|---|
| approximately | adv. 대략, 거의 |
| Areca palm | n. 아레카 야자 |
| average | adj. 보통의, 평범한; 평균의 |
| bedding | n. 침구, 잠자리 |
| benefit | n. 혜택, 이득 |
| blast | n. 폭발, 강한 바람 |

| | |
|---|---|
| brim | n. (모자의) 챙 |
| cabin | n. 오두막집; 객실, 선실 |
| candidate | n. 후보자 |
| charge | v. (요금을) 청구하다 |
| collection | n. 수집품, 수집 |
| comfortable | adj. 편한, 쾌적한 |
| comic | n. 만화책[잡지]; 재미있는, 코미디의 |
| conference | n. (보통 여러날에 걸쳐 대규모로 열리는) 회의[학회] |
| copy | v. 따라하다, 모방하다; 베끼다; 복사[복제]본 |
| crunchy | adj. 바삭바삭한, 아삭아삭한 |
| display | n. 보여주는 것, 표현, 전시, 전열 |
| distract | v. 집중이 안되게 하다 |
| effortless | adj. 힘이 들지 않는, 수월해 보이는 |
| enjoyable | adj. 즐거운 |
| essential | adj. 필수적인, 본질적인 |
| factor | n. 요인, 인자 |
| feature | v. 특별히 포함하다; 특징을 이루다 |
| festivity | n. 축제 행사; 축제 기분 |
| flavor | n. 풍미, 향미, 맛 |
| flavorful | adj. 풍미 있는, 맛 좋은 |
| flight | n. 항공편, 항공기; 여행, 비행 |
| footwear | n. 신발(류) |
| -free | ~가 없는, ~을 면한 |
| hormone | n. 호르몬 |
| indoor | adj. 실내의, 실내용의 |
| knock down | 철거하다, 때려 부수다 |
| label | v. 라벨[상표]을 붙이다 |
| left off | ~을 발산하다 |
| line-up | 라인업, (특정 행사의) 참석 예정자들 |
| local | adj. 지역의, 현지의 |
| money plant | n. 크라슐라 오보베이타 |
| mother-in-law's tongue | n. 산세베리아 |
| motivated | adj. 동기 부여된, 자극받은 |
| must | n. 필수품, 꼭 해야하는 것 |
| nothing short of | ~와 다름없는, ~와 마찬가지인 |
| nutrient | n. 영양소, 영양분 |
| nutty | adj. 견과 맛이 나는, 견과가 든; 정상이 아닌 |
| on schedule | 예정대로, 시간표대로 |

| | |
|---|---|
| oversleep | v. 늦잠 자다 |
| packed | adj. ~가 꽉 들어찬 |
| passion | n. 열정 |
| protection | n. 보호 |
| quality | n. 품질; 특성, 특징 |
| quartet | n. 사중주단, 사중창단 |
| reduce | v. 줄이다, 낮추다 |
| refreshed | adj. (기분이) 상쾌한 |
| regarding | prep. ~에 관하여 |
| require | v. 요구하다, 필요로 하다 |
| reunite | v. 재회하다 |
| seemingly | adv. 외견상으로, 겉보기에는 |
| slope | n. 경사지, 비탈 |
| smash | v. 때려 부수다, 박살 내다 |
| snow plow | n. 제설차[기], 눈치는 넉가래 |
| spectacular | adj. 장관을 이루는, 극적인 |
| spot | v. 발견하다, 찾다; n. 장소, 자리 |
| steam | n. 열기 |
| stress-free | 스트레스 없는 |
| supplement | n. 보충[추가]물 |
| supply | n. 용품, 물건; 보급품, 물자 |
| symphony | n. 교향악단 (=symphony orchestra); 교향악, 심포니 |
| tire out | 녹초가 되게 만들다 |
| toiletry | n. 세면도구, 세면용품 |
| use | n. 용도, 쓰임새; 사용, 이용 |
| viewing | n. 감상, 보기 |
| walrus | n. 바다코끼리 |
| watercolor | n. 수채화 그림물감 |
| waterproof | adj. 방수가 되는, 방수의 |

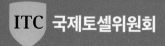

# TOSEL
# 유형분석집

## 정답과 해설

HIGH JUNIOR

Section I.
Listening & Speaking

## Part 1 | Listen and Recognize

### 1. Actions of People                                    p.26

| 1 (B) | 2 (C) | 3 (A) | 4 (A) |
|-------|-------|-------|-------|

**1.**                                                Track 1-1-04

M: Mom, I'm home! What's that smell? Is something burning?

W: I was talking on the phone and totally forgot about the ironing.

남: 다녀왔습니다, 엄마~! 이 냄새 뭐예요? 뭐 타고 있어요?

여: 전화통화 중이었는데 다림질하던 걸 깜빡 잊어버리고 말았네.

풀이 여자가 전화하느라 다림질하고 있다는 걸 잊어버렸다고 했으므로 (B)가 정답입니다. (A)의 경우, 'mom'과 'burn'을 통해, (C)의 경우 'forget'과 'iron'을 통해 연상하도록 유도한 오답입니다.

어휘 totally 완전히, 전적으로 | burn 타다, 태우다; (불이) 타오르다 | iron 다리미질을 하다; 다리미

**2.**                                                Track 1-1-05

W: There's an error with that word on the board. Could I get you to erase it?

M: Sure, I can erase it. What should I write instead?

여: 칠판에 있는 단어에 오류가 있어. 네가 그것 좀 지워 줄 수 있어?

남: 물론이지, 내가 지울 수 있어. 대신에 뭐라고 써야 해?

풀이 칠판에 적힌 오류를 지워달라고 부탁했으므로 칠판을 지우고 있는 사진 (C)가 정답입니다. (B)는 'erase'를 이용한 오답입니다.

어휘 error 오류 | instead 대신에

**3.**                                                Track 1-1-06

M: Look over there. That's Jina Kim, the professional snowboarder. I can't believe she's here.

W: Wow! Look at her doing tricks! That's amazing.

남: 저기 좀 봐. 프로 스노보드 선수 Jina야. 그녀가 여기 있다니 믿기지가 않아.

여: 와! 묘기 부리는 것 좀 봐! 멋있다.

풀이 프로 스노보드 선수가 보드를 타며 기술을 선보이고 있으므로 (A)가 정답입니다.

어휘 pro 프로 (선수) | do tricks 개인기를 하다, 재주[묘기]를 부리다

**4.**                                                Track 1-1-07

W: I stayed up last night studying for a math test.

M: You shouldn't do that. Your brain won't function properly.

여: 수학시험 공부하느라 어제 밤 샜어.

남: 그러지 않는 게 좋아. 뇌가 제 기능을 하지 못할 거야.

풀이 시험공부 때문에 밤을 샜다고 했으므로 늦은 시각에 공부를 하는 사진 (A)가 정답입니다.

어휘 function 기능하다[작용하다]; 기능 | properly 제대로, 적절히

### 2. Descriptions of People                                p.29

| 1 (C) | 2 (A) | 3 (A) | 4 (C) |
|-------|-------|-------|-------|

**1.**                                                Track 1-2-04

M: I'm worried about my grandma. She's depressed and hasn't been sleeping well.

W: What about getting her a pet? That worked for my grandpa.

남: 우리 할머니가 걱정돼. 우울해하시고 잘 주무시지 못하고 계셔.

여: 애완동물을 구해드리는 게 어때? 우리 할아버지한테는 효과 있었어.

풀이 할머니에게 애완동물을 구해드리는 것에 관해 이야기하고 있으므로 (C)가 정답입니다. (A)는 'sleeping well'을 통해, (B)는 'work'를 통해 연상하도록 유도한 오답입니다.

어휘 depressed 우울한, 침체된 | work 효과가 있다; 일하다

**2.**

Track 1-2-05

W: My aunt had an accident yesterday. She missed a step going downstairs.

M: I did that once, and ended up on crutches as a result.

여: 우리 고모가 어제 사고를 당하셨어. 계단 내려가시다가 발을 헛디디셨대.

남: 나도 한번 그런 적 있었는데, 그거 때문에 결국 목발을 짚고 다녔지.

**풀이** 계단에서 미끄러져서 목발을 짚은 적이 있다고 했으므로 (A) 가 정답입니다. (B)의 경우, 'going downstairs'라고 했으므로 오답입니다. (C)는 'accident'를 통해 연상하도록 유도한 오답입니다.

**어휘** miss a step 발을 헛디디다 | on crutches 목발을 짚은 | as a result 결과적으로

**3.**

Track 1-2-06

M: My dad is an incredible cook. I love his spaghetti.

W: Yeah, your dad's spaghetti is better than anything I've had in a restaurant.

남: 우리 아빠는 훌륭한 요리사야. 난 그의 스파게티를 아주 좋아해.

여: 맞아, 너희 아빠 스파게티는 내가 식당에서 먹은 그 무엇보다도 맛있어.

**풀이** 남자의 아빠가 만든 스파게티가 훌륭하다고 이야기하고 있으므로 (A)가 정답입니다. (C)의 경우, 여자가 'better than anything I've had in a restaurant'라고 한 점으로 보아 식당에서 스파게티를 전문적으로 요리하는 것은 아니므로 오답입니다.

**4.**

Track 1-2-07

W: You must have a photographic memory. How can you memorize all that?

M: I repeat everything as many times as possible. That's the only way.

여: 너 기억력이 엄청 좋은가 보다. 그걸 다 어떻게 암기해?

남: 가능한 한 전부 여러 번 반복해. 그게 유일한 방법이야.

**풀이** 최대한 많이 반복 학습해서 암기한다고 했으므로 (C)가 정답입니다. (A)'photographic'을 통해, (B)는 'only way'의 'way'를 통해 연상하도록 유도한 오답입니다.

**어휘** photographic memory (머릿속에 사진을 찍듯 상세히 기억하는) 정확한 기억력 | memorize 암기하다

## 3. Descriptions of Objects

p.32

| 1 (B) | 2 (A) | 3 (C) | 4 (A) |
|---|---|---|---|

**1.**

Track 1-3-04

W: This floor is really wet. A person could easily slip.

M: There should be a wet floor sign here. Oh wait, there is one.

여: 이 바닥 너무 물기가 많아. 사람 한 명 쉽게 미끄러지겠어.

남: 여기 바닥 물기 조심 표시가 있어야 할 듯한데. 아, 잠깐, 하나 있구나.

**풀이** 바닥이 젖어있고, 물기 조심 표시가 있다고 했으므로 (B)가 정답입니다. (A), (C)는 'wet'과 'sign'을 통해 연상하도록 유도한 오답입니다.

**어휘** slip 미끄러지다

**2.**

Track 1-3-05

M: I think the clock on the wall has stopped. It's two hours late.

W: Yeah, I was going to change the battery, but I forgot.

남: 벽에 걸린 시계가 멈춘 것 같아. 2시간 느려.

여: 맞아, 건전지를 갈려고 했는데, 깜빡했네.

**풀이** 벽에 걸린 시계가 멈춘 것이므로 (A)가 정답입니다. (B)는 'has stopped'와 'battery'를 통해, (C)는 'change the battery'를 통해 연상하도록 유도한 오답입니다.

**어휘** battery 건전지, 배터리

**3.**

Track 1-3-06

W: This foaming cleanser is making the skin on my face itchy.

M: Maybe you should switch brands.

여: 이 폼 클렌저 때문에 얼굴 피부가 가려워.

남: 브랜드를 바꿔야 할 듯 싶어.

**풀이** 폼 클렌저 때문에 얼굴 피부가 가렵다고 했으므로 폼 클렌저 사진인 (C)가 정답입니다. (B)의 경우, 'the skin on my face'라고 했으므로 오답입니다.

**어휘** foam 거품을 일으키다; 거품 | cleanser 세안제, 클렌저 | itchy 가려운, 가렵게 하는 | switch 바꾸다, 전환하다

**4.** Track 1-3-07

M: Did you get a smart watch? Can you talk on it?

W: Yeah, it has all the functions of a regular smartphone.

남: 너 스마트 워치 샀어? 그걸로 통화할 수 있어?

여: 그럼, 일반 스마트폰의 기능은 다 가지고 있어.

풀이  남자가 새로 산 스마트 워치에 관해 이야기하고 있으므로 (A)가 정답입니다.

어휘  regular 보통의; 규칙적인

## Part 2 | Listen and Respond

### 1. Relaying Information
p.40

| 1 (D) | 2 (B) | 3 (C) | 4 (D) |
|-------|-------|-------|-------|

**1.** Track 2-1-04

M: I've been studying a lot lately.

W: _____

(A) I also like to write stories.
(B) Science class is my favorite.
(C) Use a textbook if you're not sure.
(D) That's a good way to get better grades.

해석

남: 나 요즘 공부 많이 하고 있어.

여: _____

(A) 나도 이야기 쓰는 걸 좋아해.
(B) 과학 수업이 최고로 좋아.
(C) 확실하지 않으면 교과서를 사용해.
(D) 그게 성적을 더 잘 받는 좋은 방법이지.

풀이  자신이 공부를 많이 하고 있다는 말에 그렇게 하는 것이 더 좋은 성적을 받는 방법이라고 대답하는 (D)가 정답입니다.

어휘  lately 최근에, 얼마 전에 | grade 성적, 학점; 등급; 품질

**2.** Track 2-1-05

W: The teacher said the exam won't be too difficult.

M: _____

(A) I almost failed the exam.
(B) I'll still study as much as I can.
(C) I turned in my book report late.
(D) The teacher finished grading them.

해석

여: 선생님이 시험이 그렇게 어렵지 않을 거라고 하셨어.

남: _____

(A) 나 시험에 떨어질 뻔했어.
(B) 그래도 할 수 있는 만큼 공부할 거야.
(C) 나 독후감 늦게 제출했어.
(D) 선생님께서 채점을 완료하셨어.

풀이  여자가 시험이 어렵지 않을 것이라는 정보를 전달하고 있습니다. 이에 대해 (시험이 어렵지 않아도) 공부를 최대한 하겠다고 말하는 (B)가 정답입니다.

어휘  fail (시험에) 떨어지다, 불합격하다; 실패하다 | as much as ~ 정도까지 많이; ~못지않게 | book report 감상문, 독후감 | grade 성적[학점]을 매기다

**3.** Track 2-1-06

M: I had the sandwich that was in the fridge.

W: _____

(A) I'll have ham on white bread.
(B) It'll last longer in the freezer.
(C) Great, I was saving it for you.
(D) The repair guy will be here soon.

해석

남: 냉장고에 있던 샌드위치를 먹었어요.

여: _____

(A) 저는 흰 빵에 햄을 얹을게요.
(B) 냉동실에서 더 오래 보존돼.
(C) 잘했어, 널 위해 남겨둔 거란다.
(D) 수리기사 분이 곧 여기 오실 거야.

풀이  남자가 냉장고에 있던 샌드위치를 먹었다는 말에 잘했다며 남자를 위해 그 샌드위치('it')를 남겨둔 거라고 말하는 (C)가 정답입니다.

어휘  fridge 냉장고 | freezer 냉동고 | repair 수리, 보수, 수선; 수리하다

**4.** Track 2-1-07

W: Have you ever read any historical fiction before?

M: _____

(A) Yes, war movies are my favorite.
(B) No, I don't watch a lot of television.
(C) No, the novel I am writing is fantasy.
**(D) Yes, but I prefer something more realistic.**

해석

여: 전에 역사소설 아무거나 읽어본 적 있어?

남: _____

(A) 응, 전쟁영화가 제일 좋아.
(B) 아니, TV를 많이 보지는 않아.
(C) 아니, 내가 쓰고 있는 소설은 판타지야.
(D) 응, 근데 난 좀 더 사실적인 걸 선호해.

풀이 역사소설을 읽어봤는지 묻는 말에 읽어봤지만 ('fiction' 보다는) 좀 더 현실적인 걸 좋아한다고 대답하는 (D)가 정답입니다.

어휘 historical 역사적, 역사상의 | fiction 소설; 허구 | prefer ~을 (더) 좋아하다 | realistic 실제 그대로의; 현실적인, 현실을 직시하는

---

## 2. Expressing Opinions
p.44

1 (C)    2 (D)    3 (A)    4 (A)

**1.** Track 2-2-04

W: I just can't stop drinking coffee.

M: _____

(A) Yes, just a dollar fifty.
(B) Thank you, that would be lovely.
**(C) That can't be good for your health.**
(D) Her French lessons are my personal favorite.

해석

여: 커피 마시는 걸 끊을 수가 없어.

남: _____

(A) 응, 그냥 1달러 50센트야.
(B) 고마워, 그렇게 하면 좋겠다.
(C) 그게 네 건강에 좋을 수가 없어.
(D) 그녀의 불어 수업이 개인적으로 제일 좋아.

풀이 커피를 끊을 수 없다는 여자의 말에 (그렇게 커피를 계속 마시는 게) 몸에 안 좋을 것이라고 의견을 말하는 (C)가 정답입니다.

---

**2.** Track 2-2-05

M: I'm thinking about joining a gym tomorrow, but it's hard to begin a new routine.

W: _____

(A) I have a New Year's resolution.
(B) You've always been close-minded.
(C) You're joining an important cause.
**(D) Getting started is the hardest part.**

해석

남: 내일 체육관에 가입할까 생각 중인데, 새로운 습관을 들이는 건 어렵잖아.

여: _____

(A) 난 새해 다짐이 있어.
(B) 넌 항상 생각이 꽉 막혔어.
(C) 넌 중요한 일에 가담하고 있는 거야.
(D) 시작하는 게 제일 어려운 부분이지.

풀이 새로운 일과를 시작하는 것에 대해 염려하는 말에 시작이 가장 어려운 단계라며 공감해주는 (D)가 정답입니다.

어휘 routine 루틴(규칙적으로 하는 일의 통상적인 순서와 방법), 틀, 일상 | New Year's resolution 새해결심 | resolution 다짐, 결심; 결단력 | close-minded 편협한, 속이 좁은; 보수적인, 완고한 | cause 대의명분, 이상; 원인, 이유

---

**3.** Track 2-2-06

W: The driving test was actually surprisingly easy.

M: _____

**(A) I'm glad to hear you had no issues.**
(B) The pop quiz was totally unexpected.
(C) That is the main driving factor for them.
(D) I like going for a drive every once in a while.

해석

여: 운전면허 시험은 정말 의외로 쉬웠어.

남: _____

(A) 별일 없었다니 다행이네.
(B) 그 깜짝 퀴즈는 전혀 예상 못 했어.
(C) 그게 그 사람들한테 주요 원동력이야.
(D) 난 가끔 드라이브하러 가는 게 좋아.

풀이 운전면허 시험이 의외로 쉬웠다는 말은 여자가 면허 시험에서 별다른 어려움을 겪지 않았다는 의미를 담고 있습니다. 남자가 이를 파악하고 (시험에서) 별일 없어서 다행이라고 말할 수 있으므로 (A)가 정답입니다.

어휘 unexpected 예기치 않은, 뜻밖의 | driving factor 원동력

**4.** _____ Track 2-2-07

M: Did you hear they're giving away free hotdogs over at the science building?

W: _____

(A) **Sweet! Thanks for the heads up.**
(B) Oh, I'm sorry to hear that they left.
(C) Wow! I didn't know that you could cook.
(D) Well, you're comparing apples and oranges.

해석

남: 과학관에서 핫도그를 공짜로 나눠 준다는 얘기 들었어?

여: _____

(A) 좋아! 알려줘서 고마워.
(B) 아, 그들이 떠났다니 유감이야.
(C) 와! 네가 요리할 수 있는지 몰랐어.
(D) 음, 넌 비교할 수 없는 걸 비교하고 있네.

풀이 남자의 말을 통해 과학관에서 핫도그를 공짜로 나눠준다는 사실을 미리 알게 해줘서 고맙다고 말하는 (A)가 정답입니다.

어휘 heads up 알림, 경계, 경고, 주의 | compare apples and oranges 전혀 다른 것들을 비교하다

---

## 3. Expressing Emotions p.47

| 1 (A) | 2 (D) | 3 (D) | 4 (D) |

**1.** _____ Track 2-3-04

M: Thank you so much for helping me.

W: _____

(A) **It was nothing.**
(B) I appreciate it a lot.
(C) I think that'll help.
(D) Think harder next time.

해석

남: 도와줘서 정말 고마워.

여: _____

(A) 별거 아냐.
(B) 정말 고마워.
(C) 그게 도움이 될 듯해.
(D) 다음번엔 더 열심히 생각해 봐.

풀이 도와줘서 고맙다는 말에 별거 아니라고 답하는 (A)가 정답입니다.

---

**2.** _____ Track 2-3-05

W: Are you just going to sleep all day?

M: _____

(A) I slipped on the wet floor.
(B) I was about to go to sleep.
(C) Yesterday was very relaxing.
(D) **Just five more minutes please.**

해석

여: 너 온종일 자기만 할 거니?

남: _____

(A) 젖은 바닥에서 넘어졌어요.
(B) 막 자려고 했어요.
(C) 어제는 정말 편안했어요.
(D) 5분만 더 자게 해주세요.

풀이 하루종일 자기만 할 거냐고 핀잔을 주는 말에 5분만 더 자게 해달라고 부탁하는 (D)가 정답입니다. (A)의 경우, 'sleep'과 'slip'의 발음의 유사성을 이용한 오답입니다.

어휘 slip 미끄러지다, 넘어지다 | relaxing 마음을 느긋하게 해 주는, 편한

---

**3.** _____ Track 2-3-06

M: I'm so proud of you for beating your personal record in the race!

W: _____

(A) Sorry to disappoint you.
(B) I'll try to do it next time.
(C) I'm scared to tell my teacher.
(D) **Thanks for helping me prepare.**

해석

남: 경주에서 네 개인 기록을 깨다니 정말 자랑스러워!

여: _____

(A) 실망시켜드려서 죄송해요.
(B) 그건 다음에 해 볼게요.
(C) 선생님께 말씀드리는 게 겁나요.
(D) 준비하는 거 도와주셔서 감사해요.

풀이 여자가 경주에서 기록을 깨서 자랑스럽다고 하는 말에 (경주) 준비를 도와준 남자에게 고마운 마음을 표현할 수 있으므로 (D)가 정답입니다.

어휘 beat 이기다; 더 낫다 | disappoint 실망하게 하다, 실망을 안겨 주다

**4.** Track 2-3-07

W: Do you think I'm a diligent student?

M: _____

(A) You have no wishes left.
(B) You're too old for school.
(C) You should write that down.
**(D) You need to learn to concentrate.**

해석

여: 넌 내가 성실한 학생이라고 생각해?

남: _____

(A) 넌 더는 남은 소원이 없어.
(B) 학교 다니기엔 넌 나이가 너무 많아.
(C) 그걸 받아 적는 게 좋을 거야.
(D) 넌 집중하는 법을 배워야 해.

풀이 자신을 성실한 학생이라고 생각하는지 의견을 묻는 말에 (성실한 학생이 되려면) 집중하는 법을 배워야 한다고 말하는 (D)가 정답입니다.

어휘 diligent 근면한, 성실한 | concentrate 집중하다

---

## 4. Expressing Problems

p.50

1 **(B)**  2 **(C)**  3 **(A)**  4 **(B)**

**1.** Track 2-4-04

W: I don't think we'll make it to the movie on time.

M: _____

(A) What movies are playing?
**(B) Can we change our ticket time?**
(C) Will we get there before it starts?
(D) Do you want to see a movie tonight?

해석

여: 우리 제시간에 영화관에 못 갈 거 같은데.

남: _____

(A) 어떤 영화가 상영되고 있어?
(B) 우리 표 시간을 바꿀 수 있을까?
(C) 영화가 시작하기 전에 도착할 수 있을까?
(D) 오늘 밤에 영화 보러 갈래?

풀이 제시간에 영화관에 도착하지 못할 것 같다는 말에 (제시간에 못갈 바에야) 티켓 시간을 바꾸는 건 어떤지 물어보는 (B)가 정답입니다.

---

**2.** Track 2-4-05

M: I wasn't able to brush my teeth today.

W: _____

(A) You lost all of your teeth.
(B) That's the reason you slept in today.
**(C) So that's why your breath smells bad.**
(D) I always blush when I'm embarrassed.

해석

남: 오늘 이를 못 닦았어.

여: _____

(A) 너 치아가 다 빠졌구나.
(B) 그래서 네가 오늘 늦잠을 잤구나.
(C) 그래서 네가 입 냄새가 심한 거구나.
(D) 난 당황하면 항상 얼굴이 빨개져.

풀이 양치질을 못 했다는 말에 (이를 안 닦은 것이) 입 냄새가 나는 이유라고 말할 수 있으므로 (C)가 정답입니다.

어휘 blush 얼굴을 붉히다; ~에 부끄러워하다

---

**3.** Track 2-4-06

W: Do you know where the tape went?

M: _____

**(A) I haven't seen the tape.**
(B) I think they're on vacation.
(C) There's nowhere I haven't been.
(D) He went shopping with his mother.

해석

여: 테이프 어디 있는지 알아?

남: _____

(A) 테이프를 본 적 없어.
(B) 휴가 중인 것 같은데.
(C) 내가 안 가본 곳이 없어.
(D) 그는 어머니와 쇼핑을 갔어.

풀이 테이프가 어디 있는지 묻는 말에 본 적이 없다고 답하는 (A)가 정답입니다. (B)와 (D)의 경우, 물건인 'tape'와 쓰이기에 어색한 문장이므로 오답입니다.

**4.**
Track 2-4-07

M: I'll never finish this assignment on time.

W: _____

(A) Do you know the time?
**(B) Would you like some help?**
(C) Are you going to finish on time?
(D) When will you get the assignment?

해석

남: 이 과제 제시간에 절대 못 끝낼 거야.

여: _____

(A) 몇 시인지 알아?
(B) 내가 좀 도와줄까?
(C) 제시간에 마칠 수 있어?
(D) 언제 과제를 받을 건데?

풀이 과제를 제시간에 못 끝낼 거라고 염려하는 말에 도움이 필요한지 제안하는 (B)가 정답입니다.

어휘 assignment 과제, 임무; 배정, 배치

# 5. Suggestions / Requests / Commands
p.54

| 1 (B) | 2 (A) | 3 (D) | 4 (C) |
|-------|-------|-------|-------|

**1.**
Track 2-5-04

M: You wanna go see Grandma this weekend?

W: _____

(A) That is such an old story.
**(B) That'd make for a fun break.**
(C) I have school on Wednesday.
(D) My grandma likes to bake cookies.

해석

남: 이번 주말에 할머니 뵈러 가고 싶니?

여: _____

(A) 그건 정말 오래된 이야기에요.
(B) 그러면 재밌는 휴식이 되겠네요.
(C) 저 수요일에 학교 가요.
(D) 할머니는 쿠키 굽기를 좋아하세요.

풀이 할머니를 뵈러 가고 싶은지 제안하는 말에 (할머니를 뵈러 가면) 즐거운 휴식이 될 거라고 말하는 (B)가 정답입니다.

어휘 break 휴식 (시간)

**2.**
Track 2-5-05

W: Take out the trash when you leave the house today.

M: _____

**(A) Where'd you put the trash?**
(B) Will you be inside all day tomorrow?
(C) Didn't you already clean up the leaves?
(D) Can we get take-out instead of cooking?

해석

여: 오늘 집에서 나갈 때 쓰레기 버리고 나가렴.

남: _____

(A) 쓰레기 어디에 두셨어요?
(B) 내일 온종일 집안에 계실 건가요?
(C) 이미 낙엽 치우지 않으셨어요?
(D) 요리 대신에 음식 포장해 올 수 있나요?

풀이 쓰레기를 갖고 나가라는 말에 (갖고 나갈) 쓰레기를 어디 두었는지 물어보는 (A)가 정답입니다.

**3.**
Track 2-5-06

M: Please be quiet while I do my listening homework.

W: _____

(A) Play some music for me.
(B) Listen to the birds outside.
(C) Be quiet for just 30 minutes.
**(D) Go somewhere else to do it.**

해석

남: 나 듣기 숙제하는 동안은 조용히 해 줘.

여: _____

(A) 음악 좀 틀어줘.
(B) 밖에 새 소리를 들어봐.
(C) 30분만 조용히 해 줘.
(D) 다른 데로 가서 숙제해.

풀이 듣기 숙제를 하니 조용히 해달라고 부탁하는 말에 (조용히 할 수 없으니) 듣기 과제를 다른 데 가서 하라고 되받아치는 (D)가 정답입니다.

**4.**

Track 2-5-07

W: Would you mind switching seats with me?

M: _____

(A) Do it later.
(B) Take off a few.
(C) **Not a problem.**
(D) Mind the gap.

해석

여: 자리 저랑 바꿔주시면 안 될까요?

남: _____

(A) 나중에 하세요.
(B) 며칠 쉬세요.
(C) 문제없죠.
(D) 틈을 조심하세요.

풀이 자리를 바꿔줄 수 있는지 부탁하는 말에 문제없다며 수락하는 (C)가 정답입니다.

어휘 mind 상관하다, 신경 쓰다 | take off ~(동안)을 쉬다; (옷 등을) 벗다[벗기다] | gap 틈, 구멍, 간격

---

# Part 3 | Short Conversations

## 1. Topic / Purpose
p.62

| 1 (C) | 2 (C) | 3 (C) | 4 (C) |
|-------|-------|-------|-------|

**1.**

Track 3-1-04

W: Hi, this is Delightful Dentistry. How can I help you?

M: Yes, hi. Is this the office located near Snowden Station?

W: Yes, it is, sir.

M: Okay, great. Could I come in for a teeth cleaning later this week?

W: Absolutely. Does Thursday at 11 AM work for you, sir?

M: Yeah, that fits my schedule perfectly.

Why did the man call?

(A) to demand a refund
(B) to chat with a friend
(C) **to schedule an appointment**
(D) to ask what time the office is open

해석

여: 안녕하세요, Delightful 치과입니다. 무엇을 도와드릴까요?

남: 네, 안녕하세요. Snowden 역 근처에 있는 진료소인가요?

여: 네, 맞습니다.

남: 아, 그렇군요. 이번 주에 스케일링 받으러 갈 수 있을까요?

여: 물론이죠. 목요일 오전 11시에 괜찮으세요?

남: 네, 제 스케줄에 딱 맞네요.

남자는 왜 전화하였는가?

(A) 환불을 요청하기 위해
(B) 친구와 대화하기 위해
(C) 진료 일정을 잡기 위해
(D) 병원 진료 시작 시간을 묻기 위해

풀이 'Could I come in for a teeth cleaning later this week?'를 통해 치과 진료 일정을 잡으려고 전화했음을 알 수 있습니다. 따라서 (C)가 정답입니다.

어휘 fit 적절하다, 맞다, 어울리게 하다 | demand 요구하다 | refund 환불 | schedule 일정[시간 계획]을 잡다 | appointment (특히 업무 관련)약속; 임명

M: I miss going to the beach each summer.

W: Yeah, that was a lot of fun, wasn't it?

M: The location of the beach house was so perfect too.

W: It was right on the water. The view was definitely great.

M: Being connected to the boardwalk was also super convenient.

W: It couldn't get much better than that.

What are the speakers talking about?

(A) stores on the boardwalk
(B) where they will buy a house
**(C) a vacation they took together**
(D) the effects of global warming

해석

남: 매년 여름 해변에 갔던 게 그리워.

여: 맞아, 정말 재밌었는데, 그치?

남: 해변 별장의 위치도 너무 완벽했어.

여: 바로 물 위에 있었어. 경치가 완전 좋았어.

남: 판자 산책로로 연결된 것도 진짜 편했어.

여: 그보다 더 좋았을 수는 없었을 거야.

화자들은 무엇에 관해 대화하고 있는가?

(A) 판자 산책로 위의 상점들
(B) 집을 어디서 살 것인지
**(C) 함께 보낸 휴가**
(D) 지구 온난화의 영향

풀이  매년 여름 함께 놀러 갔었던 해변을 회상하고 있으므로 (C)가 정답입니다.

어휘  boardwalk (특히 해변이나 물가에) 판자를 깔아 만든 길 | convenient 편리한, 간편한

W: Spini Electronics. Fumiko speaking. How can I help you?

M: Hello. I'm calling about an issue with my fitness tracker.

W: Do you mean the watch type or the clip-on tracker?

M: It's the watch. It stopped logging my exercise yesterday. It needs fixing.

W: I'm sorry to hear that. I'll pass you over to customer service.

M: Thank you.

Why is the man calling?

(A) to buy a fitness tracker
(B) to see his exercise hours
**(C) to complain about a watch**
(D) to ask about a gym membership

해석

여: Spini 전자입니다. Fumiko 사원입니다. 무엇을 도와드릴까요?

남: 안녕하세요. 제 운동 측정기에 문제가 있어서 전화 드렸습니다.

여: 시계형 제품 말씀하시는 건가요 아니면 클립형 측정기 말씀하시는 건가요?

남: 시계요. 이게 어제부터 제 운동 기록하는 걸 멈췄어요. 수리가 필요해요.

여: 그것 참 곤란하시겠군요. 고객 서비스로 연결해드리겠습니다.

남: 감사합니다.

남자가 전화하는 이유는 무엇인가?

(A) 운동 측정기를 사려고
(B) 운동 시간을 보려고
**(C) 시계에 대해 불평하려고**
(D) 체육관 회원에 관해 문의하려고

풀이  'I'm calling about an issue with my fitness tracker.'라며 'fitness tracker'와 관련해 불편 사항을 제기하려고 전화했음을 알 수 있고, 그 'fitness tracker'가 'watch' 타입이므로 (C)가 정답입니다.

어휘  fitness 건강, 신체 단련 | clip-on 클립[핀]으로 고정되는 | log (일지에) 기록하다 | need -ing ~가 필요하다 | pass A over to B A를 B에 넘기다 | customer service 고객 서비스 | membership 회원(자격)

**4.**

M: Thank you for coming to the school, Ms. Chen.

W: On the contrary, thank YOU, Mr. Lee.

M: The reason I called you in is because of your son's behavior.

W: Is he starting fights again?

M: I'm afraid so. So, I wanted to work out a discipline plan with you.

W: (sigh) I guess Freddie really needs more discipline.

Why does the man ask the woman to visit?

(A) to teach the woman to fight
(B) to enroll the man's child in school
(C) **to discuss the woman's son's actions**
(D) to talk about the woman's son's grades

해석

남: 학교에 와 주셔서 감사합니다, Chen 씨.

여: 저야말로, Lee 선생님께 감사드리죠.

남: 이렇게 어머님을 부른 이유는 아드님의 행동 때문인데요.

여: 우리 애가 또 싸우기 시작했나요?

남: 그런 것 같습니다. 그래서, 어머님과 규율 방안을 계획해보고 싶습니다.

여: (한숨 쉬며) Freddie가 더 많은 규율이 필요하다는 건 알겠네요.

남자가 여자에게 방문을 요청한 이유는 무엇인가?

(A) 여자에게 싸우는 법을 가르치려고
(B) 남자의 아이를 학교에 입학시키려고
(C) 여자의 아들의 행동에 관해 의논하려고
(D) 여자의 아들의 성적에 관해 이야기하려고

풀이 둘의 관계가 학부모와 교사 관계임을 대화 전반을 통해 파악할 수 있으며, 'The reason I called you in is because of your son's behavior.'와 'I wanted to work out a discipline plan with you.'를 통해 남자가 여자의 아들의 잘못된 행동에 관해 논의하려고 여자에게 방문을 요청했음을 알 수 있습니다. 따라서 (C)가 정답입니다.

어휘 on the contrary 그와는 반대로 | discipline 규율, 훈육 | enroll in ~에 등록하다

## 2. Settings / Relationships

p.66

1 (B)  2 (B)  3 (C)  4 (B)

**1.**

M: Wow! You got me a concert ticket for my birthday?

W: Yep. I got seats for you and your best friend right in the front.

M: So Yujiko can come too? This is awesome!

W: I also ordered food from that restaurant you like so much.

M: You shouldn't have! You're so thoughtful.

W: It's not every day that my oldest boy turns 16.

What is the most likely relationship between the speakers?

(A) best friends
(B) **mother and son**
(C) husband and wife
(D) employee and boss

해석

남: 와! 제 생일 선물로 콘서트 티켓을 구해주신 거예요?

여: 그럼. 앞좌석으로 너네 단짝 친구 자리까지 구했단다.

남: 그래서 Yujiko도 갈 수 있다는 거예요? 대박이다!

여: 네가 그렇게 좋아하는 식당에서 음식도 주문해 놓았지.

남: 그러지 않으셔도 되는데! 정말 사려 깊으세요.

여: 우리 큰아들이 16살이 되는 게 매일 있는 일이 아니잖니.

두 화자 간의 관계는 무엇인가?

(A) 단짝 친구
(B) 엄마와 아들
(C) 남편과 아내
(D) 직원과 상사

풀이 'It's not every day that my oldest boy turns 16.'를 통해 엄마가 아들에게 생일 선물로 콘서트 티켓을 구해다 준 상황임을 알 수 있습니다. 따라서 (B)가 정답입니다. (A)의 경우, 남자와 Yujiko가 'best friends'라 할 수 있으므로 오답입니다.

어휘 thoughtful 사려 깊은, 배려심 있는 | employee 직원, 종업원, 고용인

**2.**

M: This day can't seem to go by any slower.

W: No kidding. I feel like we have been here for hours.

M: Yeah, Mr. Fry's lectures always drag on.

W: The projects he assigns aren't much better.

M: I can't wait to finish taking his classes.

W: Unfortunately, I hear his class is going to be required next year.

What is the most likely relationship between the speakers?

(A) coworkers

**(B) classmates**

(C) parent and child

(D) doctor and patient

해석

남: 이보다 하루가 더 느리게 갈 수는 없어 보여.

여: 말도 마. 여기 몇 시간은 있었던 것 같아.

남: 맞아, Fry 선생님 강의는 늘 질질 끌어.

여: 교수님이 내주시는 과제도 엄청 좋은 건 아냐.

남: 교수님 수업 수강을 빨리 끝내고 싶어.

여: 안타깝게도, 내년에 교수님 수업이 필수라고 들었어.

두 화자 간의 관계는 무엇인가?

(A) 직장 동료

(B) 반 친구

(C) 부모와 자식

(D) 의사와 환자

풀이 같이 듣고 있는 수업에 대해 불평하고 있으므로 두 사람은 같은 수업을 듣는 친구임을 알 수 있습니다. 따라서 (B)가 정답입니다.

어휘 drag on (너무 오랫동안) 질질 끌다[계속되다] | assign 배정하다, 맡기다 | unfortunately 불행하게도, 유감스럽게도 | required 필수의, 요구되는 | coworker 동료, 협력자, 함께 일하는 사람

**3.**

W: That was a great serve.

M: It sure was! Flew right over the net!

W: But the return wasn't so powerful.

M: Agreed. I noticed her backhand has been a bit weak.

W: Her coach should check her grip on the racket.

M: Or even the size of the racket could help.

Where is this conversation likely taking place?

(A) a skating rink

(B) a soccer game

**(C) a tennis match**

(D) a basketball court

해석

여: 정말 훌륭한 서브였어.

남: 정말 그래! 네트 너머로 바로 날아갔어!

여: 근데 받아치는 건 그다지 강력하진 않았어.

남: 동의해. 그녀의 백핸드가 좀 약하다는 걸 눈치챘어.

여: 그녀의 코치가 그녀의 라켓 잡는 법을 확인하는 게 좋겠어.

남: 아니면 라켓의 크기조차도 도움이 될 수 있어.

이 대화가 일어날 장소로 가장 적절한 것은 어디인가?

(A) 스케이트장

(B) 축구 경기

(C) 테니스 시합

(D) 농구 코트

풀이 'That was a great serve.', 'Flew right over the net', 'racket' 등을 보아 두 사람은 스포츠 경기를 보고 있으며, 그 스포츠는 네트와 라켓이 필요하므로 (C)가 정답입니다.

어휘 serve 서브 (넣기) | grip 잡는[쥐는] 방식, 움켜쥠, 그립 | rink 아이스 링크, 스케이트장 | match 경기, 시합

**4.**

Track 3-2-07

W: There's no soap or paper towel at these sinks?

M: It appears not.

W: How are people supposed to wash their hands? I mean, people are using toilets in here… hand washing is pretty important.

M: There are hand dryers by the door.

W: Those things never work.

M: Just dry your hands on your pants, then.

Where is this conversation likely taking place?

(A) in a kitchen

**(B) in a bathroom**

(C) in a computer lab

(D) in a furniture store

해석

여: 이 세면대에는 비누나 휴지가 없는데?

남: 그런 것 같네.

여: 사람들이 어떻게 손을 씻지? 내 말은, 사람들이 여기서 변기를 사용하잖아... 손 씻기는 제법 중요한데.

남: 문 옆에 손 건조기가 있어.

여: 그것들은 작동하는 적이 절대 없어.

남: 그럼 그냥 바지에 손을 말려.

이 대화가 일어날 장소로 가장 적절한 곳은 어디인가?

(A) 부엌에서

(B) 화장실에서

(C) 컴퓨터실에서

(D) 가구점에서

풀이 세면대와 손 건조기가 있고, 여자가 'people are using toilets in here.'라고 했으므로 대화가 화장실에서 일어나고 있음을 알 수 있습니다. 따라서 (B)가 정답입니다. (A)의 경우, 'sinks'를 듣고 연상하도록 유도한 오답입니다.

어휘 sink 세면대, 싱크대

## 3. Problems / Worries / Intentions  p.69

### 1 (C)  2 (C)  3 (C)  4 (A)

**1.**

Track 3-3-04

W: Do you smell that?

M: I think it's the pizza I put in the microwave for lunch.

W: No, it can't be. It smells like something is burning.

M: Look! You're right! You can see smoke outside the window!

W: We need to pull the alarm and get out of here now!

M: Let's go! We need to take the stairs, not the elevator.

What is the issue?

(A) The pizza is burning.

(B) The elevator is broken.

**(C) There is a fire in the building.**

(D) Fireworks are making smoke outside.

해석

여: 너 이 냄새 나?

남: 점심으로 먹으려고 내가 전자레인지에 넣은 피자인 것 같은데.

여: 아니, 그럴 리 없어. 뭔가 타는 냄새가 나는데.

남: 저거 봐! 네가 맞아! 창문 밖으로 연기가 보여!

여: 경보 울리고 여기서 지금 나가야 해!

남: 가자! 계단으로 가야 해, 엘리베이터 말고.

무엇이 문제인가?

(A) 피자가 타고 있다.

(B) 엘리베이터가 고장 났다.

(C) 건물에 불이 났다.

(D) 폭죽으로 밖에 연기가 난다.

풀이 타는 냄새가 나고 창문 밖으로 연기가 나는 것으로 보아 불이 났음을 알 수 있습니다. 따라서 (C)가 정답입니다.

어휘 microwave 전자레인지 | burn 타다, (불이) 타오르다 | firework 폭죽, 불꽃놀이

M: Do you know how to fix this desk?

W: I might. What's the problem with it?

M: Every time I lean on it, it lurches back and forth.

W: I think I see the problem. This screw needs to be tightened.

M: So you think you can fix it?

W: It'll be a breeze. I just need to find a screwdriver.

What does the woman mean by "it'll be a breeze"?

(A) It is too windy.
(B) The man will need help.
**(C) The desk will be easy to repair.**
(D) The screw will be hard to tighten.

해석

남: 이 책상 어떻게 고치는지 알아?

여: 아마. 뭐가 문제인데?

남: 내가 기댈 때 마다, 앞뒤로 흔들려.

여: 문제가 뭔지 알 것 같아. 여기 나사를 조여야겠네.

남: 그래서 네가 고칠 수 있다는 거지?

여: 식은 죽 먹기야. 드라이버만 찾으면 돼.

여자가 "식은 죽 먹기야"라고 말한 의도는 무엇인가?

(A) 바람이 너무 많이 분다.
(B) 남자는 도움이 필요할 것이다.
(C) 책상을 고치기 쉬울 것이다.
(D) 나사를 조이기 힘들 것이다.

풀이  책상을 고칠 수 있는지 묻는 말에 'It'll be a breeze.' (식은 죽 먹기야.)라며 공구만 있으면 된다고 했으므로 '책상을 고치는 건 쉽다'라는 의도를 담고 있음을 알 수 있습니다. 그러므로 (C)가 정답입니다. (A)의 경우, 'breeze'와 'windy'의 연관성을 이용한 오답입니다.

어휘  lurch 요동치다, 휘청하다 | back and forth 왔다 갔다 | screw 나사 | tighten 조이다, 팽팽하게 하다 | breeze 식은 죽 먹기; 산들바람, 미풍 | windy 바람이 많이 부는

M: My painting doesn't look good..

W: What do you mean? It looks great.

M: It looks nothing like I want it to. I'm just not good enough.

W: You won't become an expert overnight. You gotta keep trying.

M: I guess you're right. I should start taking lessons.

W: My friend is a professional painter. I'll introduce you.

Why is the man upset?

(A) Lessons take too much time.
(B) He needs better paint brushes.
**(C) He is not happy with his skill.**
(D) Hiring a professional painter is expensive.

해석

남: 내 그림은 별로야.

여: 무슨 말이야? 훌륭한데.

남: 내가 원하는 거랑 전혀 달라. 난 그냥 충분하지 않나 봐.

여: 하루아침에 전문가가 되는 건 아니야. 계속 노력해야지.

남: 네 말이 맞는 것 같아. 교습을 받기 시작해야겠어.

여: 내 친구가 직업 화가야. 널 소개해 줄게.

남자가 문제라고 말한 것은 무엇인가?

(A) 수업 시간이 너무 길다.
(B) 더 좋은 붓이 필요하다
(C) 그의 솜씨가 마음에 들지 않는다.
(D) 직업 화가 고용은 비용이 많이 든다.

풀이  남자가 자신의 그림을 마음에 들어 하지 않고, 'I'm just not good enough.'라고 말하고 있습니다. 따라서 (C)가 정답입니다.

어휘  expert 전문가 | overnight 밤사이에, 하룻밤 동안 | professional 직업의, 전문적인

**4.**

W: How can you stand having a roommate?

M: It's not so bad actually. We get along really well.

W: That's surprising. When I had two roommates, it was the worst.

M: Really? What was the deal?

W: They were just incredibly rude and didn't clean up after themselves.

M: Wow, no wonder you had a bad experience.

What is the man asking about when he says "what was the deal"?

**(A) why the roommates were not good**
(B) what the price of the shared room was
(C) what the woman did about her problem
(D) why the woman lived with two roommates

해석

여: 어떻게 룸메이트랑 지내는 걸 견뎌?

남: 그게 막상 그렇게 나쁘지는 않아. 우린 잘 지내고 있어.

여: 놀라운 소리네. 나 룸메이트가 둘 있었을 때, 최악이었거든.

남: 정말? 뭐가 어땠는데?

여: 그냥 엄청 무례하고 자기들이 어질러 놓은 걸 잘 치우지도 않았어.

남: 와, 안 좋은 경험을 할 게 뻔했네.

남자가 "뭐가 어땠는데?"라고 물은 의도는 무엇인가?

(A) 룸메이트들이 왜 좋지 않았는지
(B) 셰어하우스 방의 가격이 얼마였는지
(C) 여자가 그녀의 문제를 어떻게 대처했는지
(D) 여자가 왜 두 명의 룸메이트와 살았는지

풀이 여자가 'When I had two roommates, it was the worst.'라고 하자 바로 'What's the deal?'이라고 묻고 있습니다. 이는 룸메이트 두 명과의 경험이 그래서 왜 최악이었는지 물어보고자 하는 의도이므로 (A)가 정답입니다.

어휘 the deal (일의) 상황 | no wonder (당연히) ~할 만도 하다, 그도 그럴 것이 ~할 만도 하다 | shared 공유의

## 4. Suggestions / Requests / Planning p.72

| 1 (B) | 2 (B) | 3 (C) | 4 (D) |

**1.**

M: I made us a reservation at 1 o'clock.

W: Where?

M: At Leo's. The place downtown you wanted to try.

W: OK. Call Dad and tell him to meet us there at half past noon.

M: Sure. Is there anything you need to get from home?

W: No. I'll meet my friend for coffee and then go straight there.

What does the woman ask the man to do?

(A) bring her coffee
**(B) contact their dad**
(C) do nothing for now
(D) make a doctor's appointment

해석

남: 우리 1시로 예약 잡아놨어.

여: 어디로?

남: Leo네. 시내에 있는 네가 먹어보고 싶다던 식당.

여: 알았어. 아빠한테 전화해서 오후 12시 30분에 만나자고 말씀드려.

남: 그럴게. 집에서 뭐 필요한 거 있어?

여: 아니, 친구 만나서 커피 마시고 곧장 거기로 갈게.

여자가 남자에게 부탁한 것은 무엇인가?

(A) 커피 가져오기
(B) 아빠와 연락하기
(C) 지금으로선 아무것도 안 하기
(D) 의사 진찰 예약하기

풀이 'Call Dad and tell him to meet us there at half past noon.'에서 아빠에게 연락해달라고 부탁하고 있으므로 (B)가 정답입니다.

어휘 contact 연락하다 | appointment 약속; 임명

**2.**

W: These paintings are really good! Do you paint portraits, too?

M: Not usually. As you can see, my studio is mostly landscapes.

W: You should think about expanding into portraits.

M: Well, for right now I am pretty busy with the landscapes...

W: I know a lot of people who would pay for a portrait.

M: Thanks. I'll keep that in mind.

What does the woman suggest the man do?

(A) add picture frames
(B) **start painting portraits**
(C) draw more landscapes
(D) use a different paintbrush

해석

여: 이 그림들 정말 좋다! 초상화도 그리세요?

남: 평소엔 안 그려요. 보시다시피, 제 작업실은 풍경 위주거든요.

여: 초상화로 작업 반경을 넓히시는 것도 좋을 것 같아요.

남: 그게, 지금 당장은 풍경화 작업하느라 좀 바쁘거든요.

여: 초상화를 구입할 사람들을 많이 알고 있어요.

남: 고마워요. 생각해보죠.

여자가 남자에게 하라고 권한 것은 무엇인가?

(A) 액자 추가하기
(B) 초상화 시작하기
(C) 풍경화 더 그리기
(D) 다른 붓 사용하기

풀이 여자가 남자가 그린 초상화를 보며 'You should think about expanding into portraits.'라고 말하고 있으므로 (B)가 정답입니다.

어휘 portrait 초상화 | landscape 풍경화, 풍경 | expand (사업을) 확장하다 | frame 틀, 액자, 뼈대

**3.**

M: What can I help you with, Carol?

W: I needed to talk to you about Friday's final paper.

M: You need more time, don't you?

W: I'm sorry... is that possible?

M: Everyone is having trouble with it, so let's extend the deadline till Monday.

W: Thank you so much for understanding.

What does the man offer to do for the woman?

(A) turn in a paper
(B) meet on Monday
(C) **delay a deadline**
(D) talk with her teacher

해석

남: Carol, 무엇을 도와줄까?

여: 금요일 최종 리포트 관련해서 말씀드릴 게 있어서요.

남: 시간이 더 필요하구나, 그렇지?

여: 죄송해요... 그럴 수 있을까요?

남: 모두가 어려움을 겪고 있으니깐, 기한을 월요일로 연기하도록 하지.

여: 이해해주셔서 정말 감사해요.

남자가 여자에게 하기로 제안한 것은 무엇인가?

(A) 리포트 제출하기
(B) 월요일에 만나기
(C) 기한 늦추기
(D) 그녀의 선생님과 대화하기

풀이 'so let's extend the deadline till Monday.'에서 기한을 월요일까지 늘리자고 제안하고 있으므로 (C)가 정답입니다.

어휘 paper 과제물[리포트]; 논문; 서류 | extend 연장하다 | deadline 기한, 마감 시간 | turn in 제출하다 | delay 지연시키다, 미루다; 지연, 지체

**4.**

Track 3-4-07

M: You got us reservations for a day of fishing?

W: Yeah, I thought it'd be more fun than just going to the beach again.

M: You know I get sick easily on boats though.

W: Don't worry, we will stop by the pharmacy first.

M: Thanks for telling me when we're already on the road.

W: It beats staying at home, doesn't it?

What will the man and woman do next?

(A) get in a car
(B) get on a boat
(C) go back home
**(D) go to buy medicine**

해석

남: 우리 낚시할 날 예약하셨다고요?

여: 응, 해변에 그냥 다시 가는 것보단 그게 더 재밌을 거라고 생각했단다.

남: 저 배 안에서 쉽게 멀미하는 거 아시면서.

여: 걱정 마렴, 약국에 먼저 들릴 거란다.

남: 이미 차타고 가고 있는데 말씀해 주셔서 참 감사하네요.

여: 집에 있는 것보다는 낫잖니, 그렇지?

남자와 여자가 다음에 할 일은 무엇인가?

(A) 차에 탄다
(B) 배에 탄다
(C) 집으로 돌아간다
(D) 약을 사러 간다

풀이 네 번째 턴에서 여자가 'Don't worry, we will stop by the pharmacy first.'라고 했으므로 (D)가 정답입니다. (B)의 경우, 두 사람이 낚싯배를 타기 전에 먼저 약국에 들른다고 했으므로 오답입니다.

어휘 stop by (~에) 들르다 | pharmacy 약국 | beat 더 낫다, 능가하다; 이기다

---

## 5. Causes / Methods / Time　　p.76

| 1 (B) | 2 (B) | 3 (C) | 4 (A) |
|-------|-------|-------|-------|

**1.**

Track 3-5-04

M: Ma'am, I'm sorry, but it looks like we double-booked your room.

W: What do you mean?

M: Unfortunately, someone is currently staying in the room you reserved.

W: So where am I supposed to sleep tonight?

M: We can put you in one of our other hotels downtown.

W: Are you going to pay for my taxi as well?

Why does the woman have to go to another hotel?

(A) She can't fall asleep.
**(B) The hotel made a mistake.**
(C) She missed her check-in time.
(D) Her taxi went to the wrong place.

해석

남: 손님, 죄송합니다만, 저희가 손님 방을 중복으로 예약해드린 것 같습니다.

여: 무슨 말이죠?

남: 죄송스럽게도, 손님께서 예약하신 방에서 지금 다른 분이 묵고 계십니다.

여: 그러면 오늘 밤 어디서 잠을 자라는 거죠?

남: 시내에 있는 다른 호텔로 연결해 드릴 수 있습니다.

여: 택시 요금도 지불해주는 건가요?

여자는 왜 다른 호텔로 가야 하는가?

(A) 잠이 들 수 없다.
(B) 호텔 측에서 실수했다.
(C) 체크인 시간을 놓쳤다.
(D) 택시가 잘못된 장소로 갔다.

풀이 'but it looks like we double booked your room'을 통해 호텔 측에서 실수로 중복 예약을 받았음을 알 수 있습니다. 그 실수를 만회하기 위해 'We can put you in one of our other hotels downtown.'이라고 했으므로 (B)가 정답입니다.

어휘 book 예약하다 | reserve 예약하다, 따라잡아 두다 | miss 놓치다, 지나치다

W: Your bicycle looks great! It looks brand new.

M: I'm glad you like it.

W: What did you do to get it that way?

M: I actually put a metallic coat of paint on it.

W: I think I'm going to try that.

M: I have some leftover paint you can use.

How did the man get a great-looking bike?

(A) by waxing a bicycle

**(B) by painting a bicycle**

(C) by buying a new bicycle

(D) by taking a bicycle to a repair shop

해석

여: 네 자전거 멋져 보인다! 완전 새것 같은데.

남: 네가 마음에 들어한다니 기분 좋네.

여: 어떻게 그렇게 한 거야?

남: 사실 이 위에 금속 코팅 페인트칠을 했어.

여: 나도 한번 해 볼까 해.

남: 페인트 남은 것 좀 있는 데 써도 돼.

남자는 멋져 보이는 자전거를 어떻게 얻게 됐는가?

(A) 자전거에 왁스 칠을 함으로써

(B) 자전거에 페인트칠함으로써

(C) 새 자전거를 구입함으로써

(D) 수리점에 자전거를 가져감으로써

풀이　여자가 자전거를 어떻게 멋져 보이게 했는지 묻자 'I actually put a metallic coat of paint on it.'이라고 했으므로 (B)가 정답입니다.

어휘　brand new 완전 새것인 | metallic 금속으로 된 | coat (표면을 덮고 있는) 철[도금] | wax 왁스를 입히다, 왁스로 광을 내다

M: We have a problem.

W: We do?

M: Well, I do. My computer has just crashed and I've lost all of my files.

W: I told you all of that downloading would be an issue.

M: Can't we talk about that later and focus on the current problem?

W: If you'll admit I'm right first.

Why did the man lose his files?

(A) He was not focusing.

(B) He got into a car crash.

**(C) He downloaded too many files.**

(D) He forgot to save his documents.

해석

남: 우리 문제가 생겼어.

여: 우리?

남: 그게, 나한테 생겼어. 내 컴퓨터가 방금 맛이 가서 파일이 다 없어져 버렸어.

여: 내가 그렇게 전부 다운로드해대는 거 문제가 될 거라고 했지.

남: 그건 나중에 이야기하고 현재의 문제에만 집중하면 안 될까?

여: 내 말이 맞다는 걸 먼저 인정하면.

남자가 그의 파일을 잃어버린 이유는 무엇인가?

(A) 집중하지 않고 있었다.

(B) 자동차 사고를 당했다.

(C) 너무 많은 파일을 다운로드 했다.

(D) 문서 저장하는 걸 까먹었다.

풀이　'I told you all of that downloading would be an issue.' 을 통해 남자가 파일 다운로드를 무분별하게 많이 해서 문제가 생겼음을 알 수 있습니다. 그러므로 (C)가 정답입니다.

어휘　download 다운로드하다[내려받다]

**4.**

Track 3-5-07

W: I'm worried I'm going to be late for band practice.

M: What time is your practice?

W: It starts at 2:00. But we're supposed to be there 15 minutes early.

M: A quarter to two? That's just 5 minutes from now!

W: Yeah, that's why I'm worried.

M: Yeah, you'll have to run.

What time is the woman supposed to be at band practice?

(A) 1:45
(B) 2:00
(C) 2:15
(D) 2:30

**해석**

여: 밴드 연습에 늦을까 봐 걱정이야.

남: 연습이 몇 시인데?

여: 2시에 시작해. 근데 15분 일찍 거기에 가 있어야 해.

남: 2시 15분 전이라고? 지금부터 5분밖에 안 남았어!

여: 맞아, 그래서 걱정이야.

남: 그래, 너 뛰어야겠다.

여자는 몇 시까지 밴드 연습에 가야 하는가?

(A) 1:45
(B) 2:00
(C) 2:15
(D) 2:30

**풀이** 밴드 연습이 2시에 시작하지만 15분 더 일찍 가야 한다고 했으므로 (A)가 정답입니다.

# Part 4 | Talks

## 1. News / Advertisements
p.84

| 1 **(B)** | 2 **(D)** | 3 **(B)** | 4 **(A)** |
| --- | --- | --- | --- |

[1-2]                                     Track 4-1-03

M: Are you tired of having boring breakfasts day after day? Do you dream of waking up with a blast of flavor each morning? Then Professor Nuttybutter's Crunchy Peanut Butter is exactly what you need. This expert blend of the finest peanuts available offers delicious flavors and healthy nutrients that will help you wake up energized and refreshed. Enjoy Professor Nuttybutter's Crunchy Peanut Butter on breads, fruits, vegetables, snacks, or just about anything for a delicious, nutty breakfast!

1. What is this advertisement for?

(A) a restaurant
**(B) a breakfast food**
(C) a school meal plan
(D) a health supplement

2. Who is this ad most likely intended for?

(A) people who want to oversleep
(B) people who do not eat breakfast
(C) people who have a peanut allergy
**(D) people who want a flavorful breakfast**

**해석**

남: 날마다 먹는 심심한 아침 식사가 지겨우신가요? 매일 아침 풍미 가득한 기상 시간을 꿈꾸시나요? 그렇다면 Nuttybutter 교수의 바삭 땅콩버터가 바로 여러분이 필요한 것입니다! 지상 최고의 땅콩을 전문가의 손길로 혼합한 이 제품은 맛있는 풍미와 건강에 좋은 영양소를 제공해 여러분의 에너지 넘치고 상쾌한 기상을 도와드립니다. 빵, 과일, 채소, 과자, 아니면 아무것이든 Nuttybutter 교수의 아삭 땅콩버터와 함께 즐겨 맛나고 땅콩 가득한 아침을 보내세요!

1. 무엇에 관한 광고인가?

(A) 식당
(B) 아침 식사용 식품
(C) 학교 급식 식단
(D) 건강 보조 식품

**풀이** 'Do you dream of waking up with a blast of flavor each morning?', 'Then Professor Nuttybutter's Crunchy Peanut Butter is exactly what you need.', 'for a delicious, nutty breakfast!' 등을 통해 아침 식사용 식품 광고임을 알 수 있습니다. 따라서 (B)가 정답입니다.

2. 광고의 대상으로 적절한 것은 무엇인가?

(A) 늦잠 자고 싶은 사람들
(B) 아침 먹지 않는 사람들
(C) 땅콩 알레르기가 있는 사람들
(D) 맛있는 아침 식사를 원하는 사람들

풀이 'Are you tired of having boring breakfasts day after day?'
로 시작하며, 심심한 아침 식사에 풍미를 불어넣어 줄 땅콩버터를
광고하고 있으므로 (D)가 정답입니다.

어휘 blast 폭발, 강한 바람 | flavor 풍미, 향미, 맛 |
crunchy 바삭바삭한, 아삭아삭한 | nutrient 영양소, 영양분 |
refreshed (기분이) 상쾌한 | nutty 견과 맛이 나는, 견과가 든;
정상이 아닌 | supplement 보충[추가](물) | oversleep
늦잠 자다 | flavorful 풍미 있는, 맛 좋은

[3-4]                                                    Track 4-1-04

W: A local family has been reunited with their beloved
pet. Marta and Steven Lewis, along with son Pedro,
have been missing their cat Nellie for two years. After
Nellie ran out of the family home two years ago, the
family searched for months. That is why they were
shocked to see Nellie running into their backyard
after her two-year absence. It is not clear where
the cat had been, but the Lewis family say they are
delighted to have Nellie back.

3. What happened to the Lewis parents?

(A) Their son went missing.
(B) **Their cat returned home.**
(C) Their pet saved their child.
(D) Their yard became full of pets.

4. How long was Nellie away?

(A) **two years**
(B) three years
(C) two months
(D) three months

해석

여: 한 지역 일가족이 사랑하는 반려동물과 재회했습니다.
Marta와 Steven Lewis 부부는, 아들 Pedro와 함께,
그들의 잃어버린 고양이 Nellie를 2년 동안 그리워하고
있었는데요. Nellie가 2년 전 가족의 품을 벗어난 뒤,
일가족은 수개월을 찾아다녔습니다. 이것이 바로 2년의
실종 끝에 Nellie가 뒷마당으로 달려오는 것을 봤을
때 이들이 깜짝 놀랐던 이유입니다. 고양이가 어디에
있었는지는 분명하지는 않지만, Lewis 일가족은 Nellie가
다시 돌아와서 기쁘다고 전합니다.

3. Lewis 부부에게 무슨 일이 생겼는가?

(A) 아들이 실종됐다.
(B) 그들의 고양이가 집으로 돌아왔다.
(C) 반려동물이 그들의 아이를 구했다.
(D) 마당이 반려동물로 가득 찼다.

풀이 Lewis 부부가 키우던 반려 고양이 Nellie가 2년 동안 실종됐다가
'they were shocked to see Nellie running into their
backyard after her two-year absence'라며 Nellie가 다시
집으로 돌아왔다고 했으므로 (B)가 정답입니다.

4. Nellie는 얼마 동안 오래 떨어졌는가?

(A) 2년
(B) 3년
(C) 2개월
(D) 3개월

풀이 'have been missing their cat Nellie for two years', 'after her
two-year absence' 등을 보았을 때 Nellie가 실종된 기간이 2
년임을 알 수 있으므로 (A)가 정답입니다.

어휘 local 지역의, 현지의 | reunite 재회하다 | absence 부재; 결석,
결근; 결핍

## 2. Lectures / Presentations              p.88

| 1 (A) | 2 (C) | 3 (C) | 4 (C) |
| --- | --- | --- | --- |

[1-2]                                                    Track 4-2-03

M: Success is not easy to achieve. It requires effort and
focus in many different ways. Most successful people
in life started by following their passion. Passion is
a necessary part of success, because if you do what
you love, you will be more motivated to continue.
Passion pushes you to keep learning and improving,
even when things become difficult. Passion also
makes work enjoyable for you and the people around
you. These factors, along with a creative idea, will be
sure to help you succeed in what you love.

1. What would be the best title for this lecture?

(A) **The Power of Passion**
(B) Secrets to Better Studying
(C) Success through Creativity
(D) Encouraging Those around You

2. According to the lecture, which of the following is true?

(A) Success is an effortless task.
(B) Passion is distracting to others.
(C) **Following your passion helps motivation.**
(D) It is important to stop when something is difficult.

남: 성공은 달성하기 쉽지 않습니다. 여러 가지 다양한 면에서 노력과 집중을 해야 하죠. 인생에서 성공한 사람 대부분은 자신들의 열정을 좇는 것으로 시작했습니다. 열정은 성공에 있어서 필요한 부분입니다, 왜냐하면, 여러분이 좋아하는 일을 한다면, 여러분이 계속 나아가도록 동기 부여가 되기 때문입니다. 열정은 여러분이 계속 배우고 발전하도록 독려합니다, 삶이 어려워질 때조차도 말이죠. 열정은 또한 여러분과 주변 사람에게 있어 일을 즐겁게 만들어줍니다. 이런 요소들은 창의적 생각과 함께 여러분이 좋아하는 분야에서 성공하도록 확실히 도와줄 것입니다.

1. 이 강의의 제목으로 가장 적절한 것은 무엇인가?

(A) 열정의 힘
(B) 더 나은 학습의 비결
(C) 창의력을 통한 성공
(D) 주변 사람들에게 용기 주기

풀이 'Most successful people in life started by following their passion.'이라고 말한 뒤, 열정의 장점을 설명하고, These factors, along with a creative idea, will be sure to help you succeed in what you love.'라며 결론을 내고 있으므로 (A)가 정답입니다.

2. 강의에 따르면, 다음 중 사실인 것은 무엇인가?

(A) 성공은 힘이 들지 않는다.
(B) 열정은 다른 사람을 방해한다.
(C) 열정을 좇는 것은 동기부여가 된다.
(D) 어려운 시기에 멈추는 것은 중요하다.

풀이 'Passion is a necessary part of success because, if you do what you love, you will be more motivated to continue.'라고 했으므로 (C)가 정답입니다. (A)의 경우 'It[Success] requires effort and focus'를 통해, (B)의 경우 'Passion also makes work enjoyable for you and the people around you'를 통해 틀린 설명임을 알 수 있으므로 오답입니다.

어휘 require 요구하다, 필요로 하다 | passion 열정 | motivated 동기 부여된, 자극받은 | enjoyable 즐거운 | factor 요인, 인자 | effortless 힘이 들지 않는, 수월해 보이는 | distract 집중이 안 되게 하다

W: Smiling is an important feature that humans have developed over time. It has many social uses and benefits. Smiling allows us to better understand and read the emotions of others, especially when we try to copy someone's smile. Smiling energizes our brain and makes us feel good in a way that is thousands of times stronger than eating chocolate. Smiling helps reduce stress hormones while also increasing hormones that make us feel happier, making smiling a very healthy activity.

3. What is the best title for the presentation?

(A) What Makes a Human?
(B) Hormones: A Healthy Activity
(C) **Surprising Benefits of Smiling**
(D) Controlling Stress with Chocolate

4. What is NOT mentioned in the presentation?

(A) It is healthy to smile.
(B) Smiling has social uses.
(C) **Stress hormones rise when people smile.**
(D) Emotions can be read when people smile.

해석

여: 미소는 시간이 흐르면서 인간이 발달시킨 중요한 특징입니다. 미소는 많은 사회적 용도와 이점이 있는데요. 미소는 우리가 다른 사람의 감정을 더 잘 이해하고 읽을 수 있게 해주는데, 특히 우리가 누군가의 미소를 따라 하려고 할 때 그렇습니다. 미소는 우리 두뇌에 힘을 불어넣어 주고 초콜릿을 먹는 것보다 수천 배는 더 강력하게 우리를 기분 좋게 만들어줍니다. 미소는 우리를 더 행복하게 해주는 호르몬도 증가시키는 동시에 스트레스 호르몬을 줄이도록 도와주는데, 이것이 미소가 건강에 좋은 행동이 된 이유겠죠.

3. 이 발표에 가장 적절한 지문은 무엇인가?

(A) 무엇을 인간답게 만드는가?
(B) 호르몬: 건강한 활동
(C) 미소의 놀라운 이점들
(D) 초콜릿으로 스트레스 다스리기

풀이 'It[Smiling] has many social uses and benefits.'라고 말한 뒤 미소의 이점에 관해 설명하고 있으므로 (C)가 정답입니다.

4. 발표에서 언급되지 않은 것은 무엇인가?

(A) 미소는 건강에 좋다.
(B) 미소에는 사회적 용도가 있다.
(C) **스트레스 호르몬은 미소지을 때 증가한다.**
(D) 사람들이 미소지을 때 감정이 읽힐 수 있다.

풀이 'Smiling helps reduce stress hormones'라고 했으므로 틀린 설명인 (C)가 정답입니다. (A)의 경우 'making smiling a very healthy activity' 등에서, (B)의 경우 'It[Smiling] has many social uses'에서, (D)의 경우 'Smiling allows us to better understand and read the emotions of others, especially when we try to copy someone's smile'에서 알 수 있으므로 오답입니다.

어휘 use 용도, 쓰임새; 사용, 이용 | benefit 혜택, 이득 | copy 따라 하다, 모방하다; 베끼다; 복사[복제](본) | reduce 줄이다, 낮추다 | hormone 호르몬

## 3. Announcements / Schedules    p.92

| 1 (B) | 2 (B) | 3 (B) | 4 (D) |
|-------|-------|-------|-------|

[1-2]    Track 4-3-03

M: Everyone, I'm not thrilled to have to make this announcement, but it seems we're having some issues with club members' art supplies going missing. I don't know if people are picking up others' supplies by accident, or what is happening. But I did want to just warn everyone that you might want to label your supplies so that no one is accidentally taking home someone else's paintbrush or watercolors. I'm hoping we're not dealing with a thief but rather just an accident.

1. What is the warning mainly about?

(A) stolen artwork
(B) **missing art supplies**
(C) absent club members
(D) unwashed paintbrushes

2. What does the man recommend doing?

(A) staying inside
(B) **labelling supplies**
(C) looking for a thief
(D) keeping artworks at home

해석
남: 여러분, 이런 안내를 해야 하는 것이 기쁘지는 않지만, 동아리 회원들의 미술용품이 없어지는 것과 관련해서 몇 가지 문제 사항이 있는 듯합니다. 사람들이 실수로 다른 사람 용품을 가져가는 건지, 아니면 무슨 일이 일어나는 건지는 저는 모릅니다. 그런데 모두한테 주의를 드리고 싶은데 여러분 용품에 이름표를 붙여서 아무도 실수로 다른 사람의 붓이나 수채화 물감을 집에 가져가는 일이 없도록 해주기 바랍니다. 저는 우리가 절도가 아니라 단순히 실수이길 바라고 있습니다.

1. 무엇에 관한 주의 사항인가?

(A) 도난당한 미술품
(B) **미술 용품 분실**
(C) 결석한 동아리 회원
(D) 씻지 않은 붓

풀이 본 담화에서 화자는 'we're having some issues with club members' art supplies going missing'이라 말하며 동아리 회원들의 미술용품 분실에 대한 주의사항을 알리고 있으므로 (B)가 정답입니다.

2. 남자가 무엇을 권하고 있는가?

(A) 실내에 머물기
(B) **용품에 이름표 붙이기**
(C) 도둑 찾아내기
(D) 집에 미술품 보관하기

풀이 'But I did want to just warn everyone that you might want to label your supplies ~'에서 미술 용품에 이름표를 붙여 사고에 의한 분실을 방지할 것을 권고하고 있으므로 (B)가 정답입니다.

어휘 supply 용품, 물건; 보급품, 물자 | label 라벨[상표]을 붙이다 | accidentally 의도치 않게, 우연히; 잘못하여 | watercolor 수채화 그림물감 | absent 결석한, 결근한

[3-4]    Track 4-3-04

W: This year's festival line-up is nothing short of incredible! We have pop-punk band the Stingers opening the festivities on Friday at 9 PM. They will be followed by EDM DJ Harris, all the way from Sweden, at 10. On Saturday, we will have pop and rock on the main stage, and blues and jazz on the smaller stage. And don't miss the spectacular closing on Sunday, featuring the city symphony at 7 PM, followed by a fireworks display at 9 PM.

3. When is a Swedish DJ performing?

(A) Friday at 9
(B) **Friday at 10**
(C) Saturday at 9
(D) Saturday at 10

**4. Who plays on Sunday at 7 PM?**

(A) a pop band
(B) a blues group
(C) a jazz quartet
**(D) a city symphony**

해석

여: 올해 축제 라인업은 그야말로 인크레더블한데요! 팝-펑크 밴드 Stingers가 저녁 9시 금요일에 축제 행사의 오프닝을 장식하겠습니다. 그다음 순서로는 멀리 스웨덴에서 건너온 EDM DJ Harris가, 10시에 공연합니다. 토요일에는 주 무대에서 팝과 록을, 작은 무대에서 블루스와 재즈가 공연됩니다. 그리고 오후 7시에 시립 교향악단이 출연하고 이어서 9시에 불꽃놀이가 열리는 일요일 화려한 폐막식을 놓치지 마시기 바랍니다.

3. 스웨덴 DJ는 언제 공연하는가?

(A) 금요일 9시
(B) 금요일 10시
(C) 토요일 9시
(D) 토요일 10시

풀이 금요일 팝-펑크 밴드 Stingers의 오프닝에 이어서 'EDM DJ Harris, all the way from Sweden, at 10'의 공연이 이어진다고 했으므로 스웨덴에서 온 DJ는 금요일 오후 10시에 공연함을 알 수 있습니다. 따라서 (B)가 정답입니다.

4. 일요일 오후 7시에 누가 공연하는가?

(A) 팝 밴드
(B) 블루스 그룹
(C) 재즈 사중주단
(D) 시립 교향악단

풀이 'don't miss the spectacular closing on Sunday, featuring the city symphony at 7 PM'이라고 했으므로 일요일 오후 7시에 시립 교향악단이 공연함을 알 수 있으므로 (D)가 정답입니다.

어휘 line-up 라인업, (특정 행사의) 참석 예정자들 | nothing short of ~와 다름없는, ~와 마찬가지인 | festivity 축제 행사; 축제 기분 | spectacular 장관을 이루는, 극적인 | feature 특별히 포함하다; 특징을 이루다 | symphony 교향악단(=symphony orchestra); 교향악, 심포니 | display 보여주는 것, 표현, 전시, 진열 | quartet 사중주단, 사중창단

# Actual Test

## Section I. Listening & Speaking

### Part 1 p.98

| 1 (B) | 2 (C) | 3 (A) | 4 (B) | 5 (B) |
|---|---|---|---|---|
| 6 (A) | | | | |

### Part 2 p.100

| 7 (A) | 8 (B) | 9 (C) | 10 (B) | 11 (A) |
|---|---|---|---|---|
| 12 (D) | 13 (D) | 14 (C) | 15 (B) | 16 (B) |

### Part 3 p.101

| 17 (A) | 18 (C) | 19 (C) | 20 (C) | 21 (B) |
|---|---|---|---|---|
| 22 (D) | 23 (B) | 24 (B) | 25 (D) | 26 (A) |

### Part 4 p.102

| 27 (B) | 28 (C) | 29 (B) | 30 (C) |
|---|---|---|---|

## Part 1 | Listen and Recognize p.98

AT_Part_1

**1.**

W: The guy over there with the curly hair.
M: Ah, I see him. He's got on a yellow sweater.
여: 저기 곱슬머리 남자 말이야.
남: 아, 보인다. 노란 스웨터를 입고 있네.

풀이 노란 스웨터를 입은 곱슬머리 남자가 보인다고 했으므로 (B)가 정답입니다.

**2.**

M: Is that woman jogging by the street?
W: No, she's trying to catch the bus.
남: 저기 길 옆에서 뛰는 여자 조깅 중이야?
여: 아니, 그녀는 버스를 잡아 타려고 하고 있어.

풀이 여자가 버스를 타려는 중이라고 했으므로 (C)가 정답입니다.
어휘 catch the bus 버스를 잡아 타다

**3.**

W: I just picked up this new bag. It's quite large.

M: Yeah, that looks like it'll be perfect for our camping trip.

여: 이 새로운 가방을 방금 막 샀어. 꽤 커.

남: 그래, 우리 캠핑 여행에 딱 좋아 보인다.

**풀이** 여자가 캠핑에 딱 어울리는 큰 가방을 샀다고 했으므로 (A)가 정답입니다.

**어휘** pick up (우연히, 싸게) 사다

**4.**

M: The snowball hit Franco in the face!

W: That must have hurt him a lot.

남: 눈덩이가 Franco의 얼굴을 때렸어!

여: 많이 아팠겠다.

**풀이** 눈덩이가 Franco의 얼굴을 때렸다고 했으므로 눈덩이를 맞는 사진 (B)가 정답입니다.

**어휘** snowball 눈덩이

**5.**

W: I'm making some fruit salad for the party tomorrow.

M: Everyone will love it, I'm certain.

여: 내일 파티를 위해서 과일 샐러드를 만들고 있어.

남: 모두가 좋아할 거야, 난 확신해.

**풀이** 여자가 과일 샐러드를 만든다고 했으므로 (B)가 정답입니다.

**6.**

W: Lindsey is always on her phone.

M: She's even on it while she eats.

여: Lindsey는 항상 휴대폰을 하고 있어.

남: 그녀는 심지어 먹을 때도 휴대폰을 해.

**풀이** 여자가 음식을 먹는 동안에도 핸드폰을 한다고 했으므로 (A)가 정답입니다.

## Part 2 | Listen and Respond    p.100

AT_Part_2

**7.**

W: I can't go on the summer school field trip.

M: _____

(A) It won't be fun without you.
(B) I'm excited to see you there.
(C) Don't forget to tie your shoes.
(D) Traveling is my favorite hobby.

**해석**

여: 나는 여름 수학여행에 갈 수 없어.

남: _____

(A) 네가 없으면 재미없을 거야.
(B) 너를 거기서 볼 생각에 들떠 있어.
(C) 신발 끈 매는 것을 잊지 마.
(D) 여행은 내가 가장 좋아하는 취미야.

**풀이** 여자가 수학여행에 참여할 수 없다는 말에 아쉬움을 전하는 남자의 답변 (A)가 정답입니다.

**어휘** school field trip 수학여행 | tie (끈 등으로) 묶다

**8.**

M: Have you tried the new sandwich here?

W: _____

(A) It's older than I am.
(B) It looked tasty in the ad.
(C) I'll have dinner ready soon.
(D) I've got some change here.

**해석**

남: 여기 새로 나온 샌드위치 먹어봤어?

여: _____

(A) 내 나이보다 오래됐어.
(B) 광고에서는 맛있어 보였어.
(C) 곧 저녁 준비할게.
(D) 여기 잔돈이 좀 있어.

**풀이** 새로 출시된 메뉴에 관해 (아직 먹어보지는 않았지만) 맛있어 보였다며 자신의 의견을 드러내는 여자의 답변 (B)가 정답입니다.

**어휘** ad 광고 | change 잔돈

**9.** _____

W: The computer is so slow, and it keeps shutting off.

M: _____

(A) Keep the door open.
(B) Don't go too quickly.
**(C) We will fix it tomorrow.**
(D) I can play the keyboard well.

해석 _____

여: 컴퓨터가 너무 느리고, 자꾸 꺼져.

남: _____

(A) 그 문을 열어둬.
(B) 너무 빨리 가지 마.
**(C) 우리가 내일 고칠게.**
(D) 나는 건반 악기를 잘 칠 수 있어.

풀이 고장난 컴퓨터에 대한 해결책을 제시하는 남자의 답변 (C)가
정답입니다.

어휘 shut off 멈추다[서다] | keyboard 건반 악기

**10.** _____

M: Why are you guys always so loud?

W: _____

(A) Sure, I'll try to speak louder.
**(B) Sorry, we'll try to keep it quiet.**
(C) Quiet nights at home are my favorite.
(D) Concerts can be bad for your hearing.

해석 _____

남: 너희들은 왜 항상 그렇게 시끄럽니?

여: _____

(A) 그래, 더 크게 말하도록 할게.
**(B) 미안해, 우리가 조용히 하도록 할게.**
(C) 집에서 조용하게 밤을 보내는 걸 매우 좋아해.
(D) 콘서트는 청력에 나쁠 수 있어.

풀이 시끄럽다고 꾸짖는 남자에게 조용히 하겠다고 사과하는 답변 (B)
가 정답입니다.

어휘 hearing 청력, 청각 | favorite 마음에 드는, 매우 좋아하는

**11.** _____

W: There's a mouse in the bathroom!

M: _____

**(A) Did you catch it?**
(B) Try removing the dust.
(C) Be careful with the cord.
(D) The hot water is not working?

해석 _____

여: 욕실에 쥐가 있어!

남: _____

**(A) 네가 잡았어?**
(B) 먼지를 제거해봐.
(C) 전선 조심해.
(D) 뜨거운 물이 안 나와?

풀이 여자가 욕실에서 목격한 쥐의 행방을 묻는 남자의 답변 (A)가
정답입니다.

어휘 cord 끈, 줄 | dust 먼지

**12.** _____

M: Do you work this Monday?

W: _____

(A) I'm not free this weekend.
(B) Monday classes are boring.
(C) They serve pizza on Monday.
**(D) I go into work in the afternoon.**

해석 _____

남: 이번 주 월요일에 일해?

여: _____

(A) 이번 주말은 한가하지 않아.
(B) 월요일 수업은 지루해.
(C) 그들은 월요일에 피자를 제공해.
**(D) 나는 오후에 일하러 가.**

풀이 남자가 여자가 월요일에 출근하는지 물었으므로 오후에 일한다는
여자의 답변 (D)가 정답입니다. (A)의 경우, 월요일은 주말이
아니므로 오답입니다.

어휘 serve (식당 등에서 음식을) 제공하다 | afternoon 오후

**13.** _____

W: New shoes never fit me right.

M: _____

(A) I hate gum on my shoes.
(B) The left might be worse.
(C) You should go to the gym.
**(D) You should check your size again.**

해석 _____

여: 새 신발은 내게 절대 맞지 않아.

남: _____

(A) 나는 신발에 붙은 껌이 싫어.
(B) 왼쪽이 더 나쁠 수 있어.
(C) 너는 체육관에 가야 해.
**(D) 너의 사이즈를 다시 확인해봐.**

풀이 새 신발이 맞지 않는다고 불평하는 여자에게 신발 사이즈를 재확인하라고 조언하는 남자의 답변 (D)가 정답입니다.

어휘 fit (크기가 어떤 사람에) 맞다 | gym 체육관

**14.** _____

M: Do they have vegetarian choices here?

W: _____

(A) Don't order that much.
(B) I can't make up my mind.
**(C) They are already sold out.**
(D) They have many meat dishes.

해석 _____

남: 여기 채식주의자를 위한 메뉴가 있어?

여: _____

(A) 그렇게 많이 주문하지 마.
(B) 나는 결정을 못 내리겠어.
**(C) 그것들은 이미 품절이야.**
(D) 거기는 고기 요리가 많아.

풀이 채식주의자 전용 메뉴를 찾는 남자에게 다 팔렸다고 알려주는 여자의 답변 (C)가 정답입니다.

어휘 vegetarian 채식주의자 | dish (식사의 일부로 만든) 요리

**15.** _____

W: The view here is amazing.

M: _____

(A) I got another bite.
**(B) I love this spot, too.**
(C) He's my eye doctor.
(D) There are not many here.

해석 _____

여: 여기 경치 굉장하다.

남: _____

(A) 나 한 입 더 먹었어.
**(B) 나도 이곳이 되게 좋아.**
(C) 그는 내 안과 의사야.
(D) 여기에는 많지 않아.

풀이 멋진 풍경에 감탄을 하는 말에 동의하는 남자의 답변 (B)가 정답입니다.

어휘 view 경관[전망] | spot (특정한) 곳

**16.** _____

M: Do you need help with those boxes?

W: _____

(A) I try to recycle often.
**(B) I'd really appreciate it.**
(C) I'm opening a new store.
(D) I don't know what they are.

해석 _____

남: 저 상자들 옮기는 거 도와줄까?

여: _____

(A) 재활용을 자주 하려고 해.
**(B) 그렇게 해주면 정말 고맙지.**
(C) 새 가게를 열 거야.
(D) 그게 뭔지 모르겠어.

풀이 도움의 손길을 전하는 남자의 말에 고마움을 표하는 여자의 답변 (B)가 정답입니다.

어휘 recycle (폐품을) 재활용하다 | appreciate 고마워하다, 환영하다

## Part 3 | Short Conversations

p.101

AT_Part_3

**17.**

M: Yes, I was calling to see if you guys had any sales.

W: We have a buy 6 get 6 free deal on roses right now.

M: Wow. What a deal!

W: That's right, sir. It's one of our biggest sales to date.

M: Well, I have to take advantage of that opportunity.

W: Should I put you down for that then, sir?

What will the man most likely do next?

**(A) order flowers**
(B) cancel the order
(C) order at another time
(D) ask for another type of flower

해석

남: 네, 혹시 거기 세일 품목이 있나 전화해봤어요.

여: 저희는 지금 장미 6송이를 구매하면 6송이를 더 드리는 행사 중입니다.

남: 와. 엄청난 조건이네요!

여: 그렇습니다, 손님. 지금까지 저희의 가장 큰 세일 중 하나입니다.

남: 음, 그 기회를 이용해야 하겠어요.

여: 그렇다면 제가 예약해드릴까요, 손님?

남자는 다음에 할 것으로 가장 적절한 것은?

**(A) 꽃 주문하기**
(B) 주문 취소하기
(C) 다음 번에 주문하기
(D) 다른 종류의 꽃을 요청하기

풀이 현재 꽃 세일을 한다는 얘기를 듣고, 남자가 'I have to take advantage of that opportunity'를 통해 그 기회를 이용해야겠다고 했으므로 다음에 할 것으로 가장 적절한 것은 (A)입니다.

어휘 sales 할인 판매 | deal 거래 | advantage 유리한 점, 이점 | opportunity 기회 | put A down for B B를 위한 명단에 A의 이름을 올려놓다[등록하다]

**18.**

W: Matthew! Do you see that puppy over there?

M: Behind that truck? Oh yeah, I see it!

W: It's crying and can't walk.

M: It looks like it's been injured badly.

W: What should we do?

M: I'll call animal services.

What are the people talking about?

(A) a lost cat
(B) a new pet
**(C) a hurt animal**
(D) a dangerous dog

해석

여: Matthew! 저기 저 강아지 보여?

남: 트럭 뒤에? 아 그래, 보이네!

여: 울고 있고 걷지도 못하나 봐.

남: 심하게 다친 것 같아 보이는데.

여: 우리 어떻게 할까?

남: 내가 동물보호 단체에 전화할게.

무엇에 대해 이야기하고 있는가?

(A) 길 잃은 고양이
(B) 새 반려동물
**(C) 다친 동물**
(D) 위험한 개

풀이 'It looks like it's been injured badly.'를 통해 부상당한 강아지를 목격하고 어떻게 대처해야 하는지 고민하는 두 사람의 모습을 파악할 수 있으므로 (C)가 정답입니다.

어휘 behind (위치가) 뒤에 | injured 부상을 입은, 다친 | animal services 동물보호 단체

**19.** _____

M: Hey Mom, have you seen my old smartphone anywhere?

W: Not recently. Why do you need it now?

M: My friend's phone broke yesterday so I was gonna give it to him.

W: That's nice of you. Did you look in the basement?

M: Yeah, I already checked there.

W: Hmm, your sister may have taken it.

What is the boy's problem?

(A) His phone is broken.
(B) He can't contact his friend.
**(C) He can't find his old phone.**
(D) His mom took away his phone.

해석 _____

남: 엄마, 어디서 제 옛날 스마트폰 본 적 있어요?

여: 최근에 못 본 거 같은데. 왜 지금 필요한 거야?

남: 어제 친구 폰이 고장 나서 주려고 했어요.

여: 착하네. 지하층 확인해봤어?

남: 네, 거긴 이미 확인해봤어요.

여: 흠, 아마 여동생이 가져갔을 수도 있겠다.

소년의 문제는 무엇인가?

(A) 그의 스마트폰이 고장 났다.
(B) 그는 친구에게 연락할 수 없다.
**(C) 그는 옛날 스마트폰을 찾을 수 없다.**
(D) 그의 엄마가 스마트폰을 빼앗았다.

풀이 엄마에게 'have you seen my old smartphone'라고 질문하는 것으로 보아 남자는 옛날 스마트폰을 찾고 있다는 것을 알 수 있으므로 (C)가 정답입니다.

어휘 smartphone 고기능[고성능] 휴대전화 | basement (건물의) 지하층 | contact 연락

**20.** _____

W: Taylor, here is your essay.

M: ···Wait, why did I only get an 80%?

W: Your name was written on the right-hand side.

M: Yeah, so what's the issue? I put my name like you told me to.

W: Proper formatting requires your name to be on the left.

M: So I lost 20% of my grade?!

Where would this conversation most likely occur?

(A) in an airport
(B) at a family dinner
**(C) in an English class**
(D) in a company office

해석 _____

여: Taylor, 여기 너가 쓴 에세이다.

남: ...잠시만요, 저 왜 80%밖에 못 받았어요?

여: 네 이름이 오른쪽에 적혀 있었어.

남: 네, 그래서 뭐가 문제예요? 말씀하신대로 제 이름을 적었어요.

여: 올바른 서식은 네 이름이 왼쪽에 적혀 있는 걸 요구해.

남: 그래서 성적이 20% 떨어졌다고요?!

이 대화가 가장 일어날 장소로 가장 적절한 것은 무엇인가?

(A) 공항에서
(B) 가족 저녁 식사에서
**(C) 영어 교실에서**
(D) 회사 사무실에서

풀이 자신의 에세이 성적에 불만을 토로하고 이의제기를 신청하는 제자와 채점기준인 'proper formatting'을 명확하게 명시하는 선생님 사이의 대화이므로 (C)가 정답입니다.

어휘 right-hand 오른쪽[우측]의 | proper 적절한, 제대로 된 | formatting 서식, 설정

**21.**

M: Can you help me at the mall this weekend?

W: At the mall? What do you mean?

M: I need a fashion upgrade but I'm horrible with style.

W: Ah, yeah. I can help with that. I've got great fashion sense.

M: That's what I was hoping for.

W: I've got some time on Saturday so let's meet then.

What does the woman offer to help the man with?

(A) buying a present
**(B) choosing clothes**
(C) folding his laundry
(D) finding work at the mall

해석

남: 이번 주말에 쇼핑몰에서 나 도와줄 수 있어?

여: 쇼핑몰에서? 무슨 말이야?

남: 패션 변화가 필요한데 내 스타일이 형편없어서.

여: 아, 그래. 그건 도와줄 수 있어. 나 패션 감각이 뛰어나잖아.

남: 그걸 바라고 있었어.

여: 토요일에 시간이 좀 있으니까 그때 만나자.

남자를 돕기 위해 여자는 무엇을 해 주기로 하는가?

(A) 선물 사기
**(B) 옷 고르기**
(C) 빨래 개기
(D) 쇼핑몰에서 일자리 찾기

**풀이** 패션 감각이 형편없는 남자가 도움을 요청하자, 여자가 'I can help with that.'이라며 쇼핑몰에서 만나자고 했으므로 (B)가 정답입니다.

**어휘** upgrade 개선하다 | sense 감각 | laundry 세탁물

**22.**

W: Have you ever gone berry-picking before?

M: Not recently. Last time I went I was 10 years old.

W: I went for my first time the other day. I had no idea it was so fun.

M: My favorite part was always eating the berries as you go.

W: Yeah, I think I ate more than I brought home.

M: I'm surprised they allow you to eat as you go.

According to the dialogue, which of the following is true?

(A) The woman did not have fun.
(B) The man picks berries very often.
(C) There are many rules at the berry farm.
**(D) It was the woman's first time berry-picking.**

해석

여: 베리 따보러 간 적 있어?

남: 최근에는 없어. 마지막으로 갔을 때 나 10살이었어.

여: 지난번에 나는 처음 가봤어. 그게 그렇게 재밌는지 몰랐어.

남: 내가 특히 좋았던 부분은 항상 베리를 따면서 먹는 거였어.

여: 맞아, 나도 집에 가져온 거보다 더 많이 먹은 거 같아.

남: 나는 베리를 따면서 먹게 해줘서 놀랐어.

대화에 따르면, 다음 중 옳은 것은 무엇인가?

(A) 여자는 재미가 없었다.
(B) 남자는 베리를 자주 딴다.
(C) 베리 농장에는 많은 규칙들이 있다.
**(D) 여자는 베리 따기가 이번이 처음이었다.**

**풀이** 여자가 베리를 따보러 간 적이 없는지 물어본 뒤, 'I went for my first time the other day.'라며 지난번에 처음으로 베리를 따러 갔다고 말하고 있으므로 (D)가 정답입니다. (C)의 경우 'they allow you to eat as you go.'에서 돌아다니면서 마음대로 베리를 따서 먹을 수 있다고 했으므로 오답입니다.

**어휘** berry 산딸기류 열매 | recently 최근에 | allow 허락하다, 용납하다

**23.**

M: Ma'am, come here, please.

W: Sure, but I'm late for my flight.

M: It'll only take a minute. What do you have in your bag?

W: Oh, just a change of clothes and a couple cans of spray for my hair.

M: You do realize those cans are not allowed on the plane, right?

W: Goodness! I didn't know!

What mostly likely is the man's job?

(A) sales clerk

**(B) airport security**

(C) pilot for an airline

(D) museum employee

해석

남: 아주머니, 이쪽으로 와주세요.

여: 네, 하지만 비행기 시간에 늦었어요.

남: 1분이면 됩니다. 가방에 뭐가 들어있나요?

여: 아, 그냥 갈아입을 옷이랑 머리에 뿌릴 스프레이 몇 통 있어요.

남: 그 통들은 기내에 허용 안 되는 거 알고 계시죠?

여: 맙소사! 몰랐어요!

남자의 직업으로 가장 적절한 것은 무엇인가?

(A) 판매원

**(B) 공항 보안원**

(C) 항공기 조종사

(D) 박물관 직원

풀이 공항 이용객을 붙잡아 'What do you have in your bag?' 라고 물어 보며 보안 검색을 하는 남자의 직업은 공항 보안원일 가능성이 높으므로 (B)가 정답입니다.

어휘 ma'am (여성을 정중히 부르는 말로) 부인 | flight 여행, 비행 | change (of clothes) 여벌의 옷 등 | goodness 어머나, 맙소사

**24.**

W: Isn't that gonna be way too spicy to eat?

M: No way. I love this kind of spice.

W: The bottle says it's 100 times hotter than a jalapeno pepper.

M: I've had worse. This one will be no problem.

W: Where did you get something this strong?

M: There are specialty stores online that sell really hot sauces.

Where did the man get the sauce?

(A) from his own shop

**(B) from an online store**

(C) from a give-away event

(D) from a food eating contest

해석

여: 너무 매워서 먹기 어렵지 않을까?

남: 절대 아냐. 나 이런 종류의 향신료 엄청 좋아해.

여: 할라페뇨 고추보다 100배나 더 맵다고 병에 적혀 있어.

남: 난 더 심한 거도 먹어봤어. 이건 문제도 안 될 거야.

여: 어디서 이렇게 센 걸 구한 거야?

남: 엄청 매운 소스를 파는 온라인 전문점들이 있어.

남자는 소스를 어디서 구했는가?

(A) 본인 가게에서

**(B) 온라인 매장에서**

(C) 경품 행사에서

(D) 먹기 대회에서

풀이 소스를 어디서 구했는지 묻는 여자의 마지막 질문에 남자는 'specialty stores online,'라며 온라인상으로 매운 소스를 구했다고 증언하므로 (B)가 정답입니다.

어휘 spicy 매콤한 | specialty store 전문점 | give-away 증정품[경품]

**25.** _____

M: I heard you went on a trip last week.

W: Yep. I went to Cambodia and Laos.

M: That sounds like quite the trip.

W: I really needed the break from school.

M: No kidding. I'd love to take a trip like that.

W: Why don't you go?

What does the man mean by "No kidding"?

(A) He does not like jokes.
(B) He does not like traveling.
(C) He also traveled to Asia recently.
**(D) He also wants a break from school.**

해석

남: 나 네가 지난주에 여행을 갔다고 들었어.

여: 응. 캄보디아랑 라오스에 갔었어.

남: 제대로 된 여행 같은데.

여: 나 정말 학교에서 벗어나 이 휴식이 필요했어.

남: 정말 그래. 나도 진짜 그렇게 여행하고 싶다.

여: 가는 게 어때?

남자의 "농담 아니야"는 무슨 뜻인가?

(A) 그는 농담을 좋아하지 않는다.
(B) 그는 여행을 좋아하지 않는다.
(C) 그도 최근에 아시아 여행을 했다.
**(D) 그도 학교에서 벗어나 쉬고 싶어 한다.**

풀이 여자가 학교에서 벗어나 휴식을 취하고 싶다는 말에 남자가 'No kidding.'이라고 대답하며 자신도 그렇게 여행을 하고 싶다는 의도를 전달하고 있으므로 (D)가 정답입니다.

어휘 quite 꽤, 상당히 | break 휴식 | joke 농담

**26.** _____

W: Are you interested in going to an art show tomorrow?

M: Not really. It's not really my thing.

W: Oh, come on. It'll be more fun than just sitting at home.

M: I doubt it. I've got my favorite movie and snacks ready.

W: Can you please~ come? I don't want to go by myself...

M: Well, since you asked nicely...

Why is the woman inviting the man to go?

**(A) She wants someone to go with.**
(B) She wants him to meet new friends.
(C) She wants to get some of his snacks.
(D) She wants to get him interested in movies.

해석

여: 내일 미술 전시회에 가는 거 관심 있어?

남: 아니 별로. 그건 딱히 내 취향이 아니야.

여: 아, 제발. 그냥 집에서 앉아있는 거보다 더 재밌을 거야.

남: 글쎄. 내가 가장 좋아하는 영화랑 간식은 준비됐어.

여: 제발~ 올 수 있어? 나 혼자 가기 싫어...

남: 음, 네가 착하게 물어봤으니까...

여자는 왜 남자를 초대하고 있는가?

**(A) 그녀는 같이 갈 사람을 원한다.**
(B) 그녀는 그가 새로운 친구들을 만나길 원한다.
(C) 그녀는 그의 간식을 좀 갖고 싶어 한다.
(D) 그녀는 그가 영화에 흥미를 갖게 하고 싶어 한다.

풀이 여자의 마지막 한마디 'I don't want to go by myself'을 통해 전시회에 혼자 가기 싫어서 같이 갈 사람을 구하고 있는 것을 알 수 있으므로 (A)가 정답입니다.

어휘 interested 관심[흥미] 있어 하는 | art show 미술 전시회 | doubt 의심, 의혹, 의문

[27-28]

W: Welcome to the ice cream laboratory. We have created interactive workshops to introduce you to the world of ice cream. First, go to our famous "Flavor Factory", where you will learn about how ice cream flavoring is made and make your own unique flavor. Next, if you are curious about different styles of ice cream, join our new "International Ice Cream" workshop. You can sample ice cream from around the globe!

27. How many workshops does the ice cream laboratory offer?

(A) 1
**(B) 2**
(C) 3
(D) 4

28. According to the announcement, what can you do at the ice cream factory?

(A) make diet ice cream
(B) join an ice cream eating club
**(C) make a new ice cream flavor**
(D) send ice cream across the world

해석

여: 아이스크림 연구소에 오신 걸 환영합니다. 저희는 여러분께 아이스크림의 세상을 소개하기 위한 상호작용형 워크샵을 마련했습니다. 우선, 여러분이 아이스크림 맛이 어떻게 만들어지는지에 대해 배우고 여러분만의 독특한 맛을 만들 수 있는 저희의 유명한 "Flavor Factory"로 가세요. 다음으로, 만약 여러분이 다른 종류의 아이스크림에 대해 궁금하다면, 저희의 새로운 "International Ice Cream" 워크샵에 참가하세요. 여러분은 전 세계의 아이스크림을 시식할 수 있습니다!

27. 아이스크림 연구소는 몇 차례의 워크샵을 제공하는가?

(A) 1
**(B) 2**
(C) 3
(D) 4

풀이 안내문에 따르면 'Flavor Factory'와 'International Ice Cream' 두 개의 워크샵이 소개되므로 (B)가 정답입니다.

28. 안내문에 따르면, 아이스크림 공장에서 무엇을 할 수 있는가?

(A) 다이어트 아이스크림을 만든다
(B) 아이스크림 먹기 동호회에 가입한다
**(C) 새로운 맛의 아이스크림을 만든다**
(D) 아이스크림을 전 세계에 보낸다

풀이 아이스크림 연구소는 자신만의 독특한 아이스크림 맛을 만들어보는('make your own unique flavor') 'Flavor Factory' 워크샵을 운영한다고 했으므로 (C)가 정답입니다.

어휘 laboratory 실험실 | interactive 상호적인, 상호작용을 하는 | workshop 연수회 | flavoring 향료 | unique 유일무이한, 독특한 | curious 궁금한, 호기심이 많은 | sample 맛보다, (음식을) 시음하다 | globe 지구[세계]의

[29-30]

M: Fossils are the preserved remains of living things from a long time ago and are an important part of learning about the past. Fossils are one of the few windows we have to find out what life was like on Earth before humans were around. By studying fossils, scientists can learn about extinct animals, environmental changes, the Earth, evolution, and much more.

29. What is a fossil?

(A) a type of animal
**(B) a preserved organism**
(C) an old style of window
(D) an environmental change

30. What is NOT mentioned as something that can be learned about from fossils?

(A) evolution
(B) our planet
**(C) endangered animals**
(D) changes in the environment

해석

남: 화석은 오래전부터 살아 있던 생물들의 보존된 유물이며 과거를 배우는 데 중요한 부분을 차지합니다. 화석은 인류의 시작 전에 지구에서의 삶이 어떠했는지를 밝혀내야 하는 몇 안 되는 창문 중 하나입니다. 화석을 연구함으로써, 과학자들은 멸종된 동물, 환경 변화, 지구, 진화, 그리고 훨씬 더 많은 것들을 배울 수 있습니다.

29. 화석이란 무엇인가?

(A) 동물의 일종
**(B) 보존된 유기체**
(C) 옛날식 창
(D) 환경 변화

풀이 첫 문장 'Fossils are the preserved remains of living things ~'에서 화석은 한 종류의 오래된 유기체라고 했으므로 (B)가 정답입니다.

30. 화석으로부터 배울 수 있는 것으로 언급되지 않은 것은 무엇인가?

   (A) 진화
   (B) 지구
   **(C) 멸종 위기 동물**
   (D) 환경 변화

**풀이** 화석을 연구해 알 수 있는 점 중에 하나는 멸종 위기 동물이
아니라 이미 멸종된 동물('extinct animals')이라 했으므로 (C)가
정답입니다. 나머지 보기의 경우, 마지막 문장에서 알 수 있으므로
오답입니다.

**어휘** fossil 화석 | preserve (원래 상태를 유지하도록) 보존하다 |
remains 남은 것, 나머지, 유적, 유해 | window (무엇을 보거나
배우는) 창 | extinct 멸종된 | environmental 환경의[환경과
관련된] | evolution 진화

# Memo

국제토셀위원회

# TOSEL
# 유형분석집

## HIGH JUNIOR

Section I.
Listening & Speaking